U0752909

人生经济学

人人都用得上的财务思维课

古大侠 著

北方文艺出版社

图书在版编目（CIP）数据

人生经济学：人人都用得上的财务思维课 / 古大侠著. -- 哈尔滨：北方文艺出版社，2020.9（2024.8 重印）
ISBN 978-7-5317-4854-0

Ⅰ. ①人… Ⅱ. ①古… Ⅲ. ①财务管理－通俗读物
Ⅳ. ① F275-49

中国版本图书馆 CIP 数据核字（2020）第 151324 号

人生经济学：人人都用得上的财务思维课
Renshenq Jingjixue: Renren Dou Yongdeshang de Caiwu Siweike

作　者 / 古大侠

责任编辑 / 刘想想
装帧设计 / 尚世视觉

出版发行 / 北方文艺出版社
邮　编 / 150008
发行电话 /（0451）86825533
经　销 / 新华书店
地　址 / 哈尔滨市南岗区宣庆小区 1 号楼
网　址 / www.bfwy.com

印　刷 / 天津旭非印刷有限公司
开　本 / 880 × 1230　1/32
字　数 / 150 千
印　张 / 8
版　次 / 2020 年 9 月第 1 版
印　次 / 2024 年 8 月第 2 次印刷

书　号 / ISBN 978-7-5317-4854-0
定　价 / 46.80 元

目录
CONTENTS

第六章 你无法回避的逆袭致富机会 / 203

序言　身处商业社会，你必须懂点财务思维

我们生活的社会存在很多“隐学”，它们可能是你翻遍图书馆、书店都找不到的学问。其实，财富学就是一种“社会隐学”。现在，很多人都向往财富自由，可是，如何实现财富自由呢?

可以这样说——实现财富自由需要一个全面的思维体系的支撑，而这个体系最重要的基础，就是“财务思维”。

什么是财务思维呢? 财务思维并不是财务知识，而是一整套的思维工具箱里的内容。古时的侠客行走江湖必须带上一把趁手兵器。现代人参与激烈的社会竞争也需要用“武器”来保护自己。然而，面对复杂多变的社会，现代人真正需要的“武器”其实是思维方式，而财务思维，无疑会成为你最趁手的“武器”之一。

这种思维，不仅从事财务、会计的专业人士需要，实际上，普通人更需要。它是从大量财务知识和经济学知识中整理和提炼出来的，是一套能支撑和拓展我们的人生层次的思维方式。

我们每个人在追求财富进阶的道路上都会面临择业、职场发展、开发副业、投资乃至创业等诸多层面的选择。可以说，

想要完成财富的进阶，就必须经历这些选择和思考的过程。然而，只有拥有了财务思维，你的优势才能比其他人更强大。

以我自己为例，我现在的职业是风险投资人，在做风投之前，我是个创业者。恰恰是因为运用了财务思维，我才能在人生的各个阶段实现财富进阶。

早在新加坡国立大学读书时，我便开始研究互联网行业。当时，我一边攻读计算机专业，一边在新加坡本土的团购公司做兼职，并设想着移动互联网对未来的改变。从那时起，我便意识到，可以运用财务思维帮助自己做人生、事业方面的选择。

读大三时，我创立了自己的公司。虽然公司规模只有二十多人，估值有两千万元人民币。从财务思维角度看，打工是出售自己的时间，而创业却是购买别人的时间来帮你做产品。我更喜欢购买别人的时间，而非出售自己的时间，所以创业是我的最佳选择。

大四时，我有幸参加了日本软银集团董事长、阿里巴巴投资人孙正义先生的“继承人计划”。之后远赴日本的考察让我发现，未来东亚地区的中心将会是北京，这是我运用财务思维考虑后得出的结论。

2014年，我大学毕业后回国，就职于在全国金融搜索领域中排名前三的好贷网。在担任其子公司CEO职务期间，负责企业的整体贷款业务孵化工作。彼时，财务思维告诉我，金融是实体经济的血液，虚高的金融衍生交易可能会对实体行业造成“降维打击”。从此，我便没有离开过金融行业。

2015年，我在厦门与其他人联合创立了一家名叫“可可家”的公司，一年后公司估值突破2亿元人民币。两年后，公司月利润完成了从0到1500万元的飞跃。当时，财务思维告诉我，在资本大潮的助推下，个人财富能够获得极大的提升。

2018年，我27岁，在上市公司的投资部门担任投资总监，直接向全国财富200强的上市公司董事长汇报工作。我成功投资和孵化的案例众多，包括但不限于：飘飘云、宁泽金融、智筹、全思科技、易界网、发行快、比特曼、55交易所等项目。其中，飘飘云在高峰期的月利润超过1500万元。也是这时，财务思维告诉我，投资比创业更能分散风险，且收益并不低于成功创业的收益。

上述经验告诉我财务思维在我们人生当中的重要性，它是我们获得财富自由的基础。

过去的10年里，在新加坡和北京这样的超级大都市中，我见证过很多年轻人的成长，他们无不希望获得财富上的自由。我了解他们的需求，也明白他们在人生进阶的路上所遇到的问题和误区。

过去的10年里，我参与了大约2000个公司的创投项目。因此，我十分了解这些公司的财务数据和业务情况，也明白这些公司是怎么做财务选择的。

在此期间我接触过几千名创业者，参与并体验过他们跌宕起伏的人生。也因此，我看到了许多应用财务思维帮助他们走向成功的真实案例。

与此同时我自己也经历了择业、职场、副业拓展、创业、投资这5个阶段的过程。读书时，我掌握了一家互联网公司从CEO到工程师几乎所有岗位的职业技能。而最近5年，我体验了大部分人可能一辈子都无法体验的经历，并获得了个人财富的保值增值。

到今天，我成了一名职业投资人，也早已获得了财富自由。我想把过去10年间所积累的致富方法，分享给正在实现财富自由这条路上前行的年轻人，告诉他们什么是真正的财务思维。

希望这些方法能帮你节约宝贵的时间，让你比身边的人更快地实现自己的梦想。

在过去的生活和工作中，财务思维实实在在地帮助过很多人。看到他们的成功，我感到很高兴。如今，我经常运用财务思维帮国内外的学弟学妹们做择业指导，他们中的很多人都在金融、互联网和房地产行业知名公司中担任要职。

我在创业时带过的朋友中，有很多人因为学会了我这套基于财务思维演化而来的独特“打法”而开创了自己的事业。同时，很多人在医美、互联网媒体等行业都取得了成功。

我还时常在网上分享基于财务思维的投资观点，获得了超10万人的关注。

作为专业投资人，我每天都要接触大量样本，研究各种企业的财务数据，见证过企业家们真实的人生经历和个人财务状况。

在本书中，我将由浅入深地介绍近100个财务思维。为了贴近读者的实际需要，我会把这近100个的财务思维分别安排在择业、职场、副业拓展、投资、积累和创富6个章节中——这6个章节，分别代表了一个人从“赤手空拳”进入社会，再到实现财富自由的6个阶段。

每一个思维的背后，都有我的亲身经历及见证过的别人的经验教训。结合这些生动的案例，我将告诉你——在人生最重要的场景中，如何运用财务思维让自己收获满满。

第一章

会选才会赢，如何判断并找到有前途的行业

累积收益：年轻人怎么正确地选行业

2018年高考一结束，我的表弟就开始准备大学选专业的事儿了。全家人忙着出谋划策，表弟更是紧张不已。对于大多数毕业生来说，选择什么专业，在很大程度上便决定了以后从事行业的方向。而选择有前途的行业，未来才可能有好的就业。

然而，那些尚未走入社会或者初入职场的年轻人，在择业这件事儿上总有着这样或那样的忧虑。做好行业的选择，是一个人走好人生之路的第一步。

这些年来，我见过太多的人在择业方面的苦恼和纠结，选择对了的很可能在后期比较顺利地实现自己的人生价值，选择错了的未来职业发展道路会比较坎坷。

那么，如何才能少走弯路，正确地选择行业呢？做任何一个决策，如果有一套模型可供参考或者有方法可循，那么选择起来就会变得简单许多。对于如何选对行业这个问题，也可以用财务思维来帮我们做出正确决策。

对于如何正确地选择行业，我们通常会用到财务思维中的三种重要的思维方式：正态分布、期望值和累积收益。

正态分布，能够揭示一个行业的收入规律。我们先来看看，如何运用正态分布这个思维工具帮我们正确地择业。

行业收入的正态分布

大学时，我有一个室友外号叫“土豆”。当时，很多人都在纠结毕业后该从事什么工作时，他却很淡定。那时，学校里有各种各样的就业讲座，各行各业的资深人士应邀前来给年轻学子做就业方面的指导。类似的讲座几乎场场爆满。而土豆同学却非常乐观，也从不理会这些活动。

有一次，我实在忍不住了，就问他原因，他说：“各行各业的收入水平都是呈正态分布的，你只要在自己喜欢的行业里做到最好就行，根本没有必要过分焦虑！”

土豆同学所说的“正态分布”，其实源于数学中的概率分布问题，指的是一件事情的概率通常会呈现出两头低、中间高、左右对称的钟形结构——各个行业的收入水平状况也是如此，绝大多数人都处在收入的中间水平区间。当然，其中也存在收入极高和收入极低的人，但只是极少数。

土豆同学之所以乐观，是因为他觉得从正态分布的角度看，每个行业都有收入水平处于拔尖位置的那一部分人。而他本人又非常自信，觉得自己足够优秀，不管从事哪个行业，收入水平都会在该行业中处于拔尖位置。所以，他才如此淡定从容。

从这个例子中我们不难看出，年轻人应该选择自己能够在该领域收入分布中占据有利位置的行业。那么，我们该如何利用正态分布这一思维方式分析行业收入，在择业时做出有利的选择呢?

首先，你要了解自己的强项。一个人要想在行业收入的正态分布中处于拔尖的位置，就必须学会利用自己的强项，并做得比别人更加出色。比如，你的强项是写作，你就可以考虑新媒体文案方面的工作；你的强项是与人交流，你就可以考虑互联网行业的商务和运营工作等。

一个人只有结合自身的强项，思考自己在哪些方面比别人做得更好，才能获得高于行业平均水平的收入。

其次，你要了解各行各业的需求是什么。各个行业的需求点，是影响行业收入正态分布的关键因素。一个人越是能满足所处行业的需求，便越能在收入的正态分布中占据有利的位置。

很多人不知道这些需求有哪些，教大家一个简单的方法，在各大招聘网站做个调查，很容易就能知道各个行业的任职需求。比如，金融行业通常需要求职者具备一定的财会知识、法律知识以及行业分析能力；翻译职位则要求求职者必须具备非常流利的口语能力。

尽管有时候我们运用了正态分布思维，但还是不能帮助我们确定哪个行业是对的，这时，你就需要运用第二种思维方式——期望值。

期望值思维，就是通过对比不同行业的收入水平，发现其间的差别。

正态分布中的期望值

对于很多“80后”“90后”来说，在其成长的过程中，他们的父母或长辈都曾向他们灌输过某些特定行业优于别的行业的观念。然而，却很少有父母能够说得清楚为什么某些行业更值得考虑。

根据各个行业收入的正态分布来看，从事任何行业都能够变得很优秀，为什么我们的父母和长辈还是会极力鼓动我们争取进入某些特定的行业，比如互联网行业、金融行业呢？

为了回答上述问题，我们需要了解期望值这一财务思维的概念。期望值概念与上文中说到的正态分布概念密切相关。上文中我们说到，在每个行业里人们的收入水平情况分布结构就像一个钟形曲线——曲线中间高高的位置，代表这个行业最常见、最普通的收入水平，我们将其称为期望值。

行业与行业之间的期望值其实是大不相同的。例如，在互联网行业，如果你是一个应届毕业生，每个月的薪资大概是6000元，收入更高或更低的可能性都偏小。这时，我们就可以说，应届生在互联网行业的月薪期望值是6000元左右。

假如你换了一个行业，比如酒店行业，大部分应届毕业生的收入在3500元上下浮动，我们就可以说，应届毕业生在酒店行业的期望薪资是3500元。

现在，你应该明白为什么父母或长辈都想让我们去某些特定行业了吧！在他们看来，只有进入收入期望值更高的行业，将来才会有更大概率获得高的收入。

那么，我们怎么运用正态分布中的期望值思维方式做出正确的分析，选出收入期望值更高的行业呢？

首先，你应该对各个行业的收入期望值做一个大概的了解。小窍门就是通过招聘网站，了解各个行业中各个招聘职位的薪资水平。

比如，互联网行业、金融行业和房地产行业都是收入期望值很高的行业。若是能够进入这些行业，就意味着我们在将来会有更大的希望拥有较高的收入。

与此同时，也要注意一些收入不断增长的新兴行业，比如人工智能、大数据、云计算、生物制药、新材料等行业。

其次，要结合自身情况选择收入期望值较高的行业。一般而言，收入期望值高的行业都有一些特定的门槛。

选择行业时，如果你既运用了正态分布思维分析了行业整体收入，又运用了期望值思维了解了收入期望值高的行业都有哪些，但仍旧没有实现收入增长。这时，你可能就需要运用第三种思维——累积收益。这个思维会告诉我们，要从时间维度出发看待事物的发展。

累积收益

在谈累积收益之前，我先讲一个同学的故事。我的这个同学家庭条件一般，他在高中辍学后一直游手好闲。后来，他子承父业，在菜市场卖蘑菇。

在一次同学会上，当他得知昔日的很多同班同学虽然念了大学，但是月收入也才几千块钱时，更加觉得读大学无用，不如老老实实地在菜市场卖蘑菇。赶上好的时候，他的月收入也能接近1万元。

两年之后，老同学们再次聚会聊天，他显得有些落寞。为什么呢？原来，他现在的收入水平几乎和高中辍学时差不多，然而那些大学毕业的同学们已在各自的工作岗位上取得了很大的进步，很多人的月收入都超过1万元，有的甚至将近2万元。

我们该如何看待这个例子呢？其实，这就是累积收益的最好解释。以累积收益思维看待行业收入，不能只看一时一刻，而是要从个人的职场生涯周期角度去看收益的总和。

在菜市场卖蘑菇，可能一开始每月收入便有几千元，但想要突破，实现持续增长就非常困难了——市场摊位、客流等因素都会成为制约收入增长的因素。

然而，大学毕业工作的人则截然不同，随着业务能力提升、客户资源累加，他们能够不停地提升自己，收入自然便会一直增长。

因此，年轻人在进入职场时，需要着眼于整个职场生涯周期的累积收入，而不能只关注当下收入的高低。这就是为什么现在很多年轻人初入职场时即便是低薪，也要进入一个收入快速增长行业的原因。

再来看一个正面的例子。我认识一个学动画技术的女孩。动画技术是一门专业性较强的学科，一般在垂直领域里很难找到称心如意的工作。果然，2014年毕业后，她找了半年都没能找到理想的工作。

就在她灰心沮丧之际，有个学长告诉她，互联网行业的界面设计师是个非常吃香的职业。于是，聪明好学的她通过一个月的自学就掌握了该职位基本的软件操作技术。不久后，她便顺利地找到了第一份工作——界面设计师，起薪为3500元。

随着互联网行业的迅速发展，她先后去了好几家公司，目前月薪已经达到2万元。这在当下的就业环境中绝对算得上是高薪了。她先后花了5年时间，从最初的不被人看好“逆袭”成为高薪人士。而她的成功，源于她明智地舍弃了收入波动较大的动画行业，选择了正在迅猛发展的互联网行业。

运用累积收益思维，能够让我们知悉职业生涯发展的规律，这样才能使我们有足够的把握取得成功。那么，我们应该如何选择累积收益高的行业呢?

首先，在选择行业时，我们不但要重视高期望值，还要关注职业生涯周期。因为累积收益取决于两点：其一，收入期望值的高低；其二，职业生涯的长短。例如，程序员的收入高，但职业生涯周期较短。

其次，要学会甄别不同行业生命周期的长短。为此，你可以向前辈或学长学姐请教，他们往往具有较丰富的经验，能够帮助你分析、思考。同时你还可以通过互联网搜索某个行业从业人员的平均年龄，如果平均年龄都是二十多岁，那么大部分三十多岁以上的人就被淘汰了。如果平均年龄在30～40岁之间，说明这一行业是属于老中青三代结合的行业，职业发展周期较长。

如果你暂时还没有从事累积收益高的行业，也不用担心。近些年来，年轻人高频次更换职业的现象十分普遍。他们随时都会对机会保持着较高的敏感度，一旦有机会进入累计收益更高的行业，就会勇敢地去尝试。

运用正态分布、期望值和累积收益这三种财务思维，可以帮我们分析目前所在行业的整体状况。与此同时，你在选择职业时能够更加从容不迫地做出适合自己的最优选择。

需求广度：
初入职场，该选大公司还是小公司

我在一家金融集团公司工作时，参加过一次校园招聘活动。活动中，集团的董事长曾说过这样一番话："我们集团是一家有着几万员工的大企业，也曾孵化过几十个小型科技公司。无论你们是想去大公司稳扎稳打，还是想去小公司快速地锻炼、提升自己，我们集团都能提供相应的岗位。如果你干了一段时间后发现自己不喜欢这个岗位，还可以在集团内部自由调岗。"

对于一些面临择业的朋友来说，是选择大公司还是小公司，往往是一个两难的问题——这将会直接决定我们在职业生涯早期能够接触到多少行业资源，以及自身能力能够得到多少锻炼。

有人在小公司经历多次的动荡和波折后，开始向往大公司的稳定；也有人在大公司安安稳稳地待了四五年后，到头来却发现自己只是一颗不起眼的螺丝钉，离开了公司甚至活不下去，于是急切地期望自己的能力能够得到全面提升。

因此，初入职场时，到底是选择大公司还是小公司，就成

了摆在很多年轻人面前的一道难题。

大公司有稳定的环境、完善的流程，但往往缺少自主权。有时不得不早请示、晚汇报，过着一眼望得到头的人生。而小公司则不然，你不仅能够得到全面的锻炼，还有机会将自己的想法融入工作中。当然，也可能因公司业务上的不稳定，最后你不得不另谋出路。

那么，在这个问题上，我们应该考虑哪些因素，该从哪些方面仔细分析、思考呢?

为了解决这个问题，我们需要用到三种财务思维——收益稳定性、资源累积速度和需求广度。

假如能深刻地理解这三种思维方式，你便能在大公司和小公司之间从容抉择，作出不令自己后悔的决策。

我们先从收益稳定性这一思维入手，收益稳定性常用于判断收入的稳定程度。

收益稳定性

前文提到的我的那位校友——豌豆同学，他和我于同年开始在北京打拼。当时，他在一家小额贷款公司就职，经常向我吹嘘，行情好的时候，只要“吃”下一个大客户，在北京抵押一套房，他就能有几万的提成。

刚开始，我对他的工作羡慕不已。可是，这些多年过去了，豌豆同学依然租住在不通自来水的老北京胡同里，既没有买房置业，也没有女朋友。这是为什么呢？

原来，在这位豌豆同学的收入结构中，底薪比例低，而绩效工资又高度依赖于市场行情。行情好的时候，一单确实能赚几万块；但是赶上行情差的时候，一年也开不了几单。

从这个例子来看，豌豆同学的收益稳定性较差，所以他的收入才会像过山车一样,起伏非常剧烈。其实，豌豆同学的平均收入并不比一般的白领阶层低，只是由于收益稳定性太差，导致他难以对未来的生活做出有效安排。如果他当初选择了一家大中型的金融公司，也许每个月的收入到不了几万，但是收益稳定性肯定会比原先的那家小公司好很多，他也因此可以好好地规划自己的生活。

为了避免豌豆同学的故事在我们身上重演，在求职的过程中，面对不同规模公司做选择时，我们应该怎样思考呢？

首先，我们应该优先考虑大公司的岗位。一般而言，大公司的收益相比小公司会更加稳定。很多长辈之所以想让子女进入大型企业，正是考虑到其稳定性，即便这些企业的工资稍低，他们也觉得不要紧。所以，作为晚辈，应该理解长辈的一片苦心——他们的出发点是好的，他们并非认为高工资不重要，而是希望我们能够收入稳定，这样生活才会有保障。

其次，我们需要考虑不同岗位的差别。一般情况下，核心管理岗位的稳定性要远远大于执行岗位。我们可以看到，公司裁员都是从执行层的业务员或销售员岗位开始，而管理岗位则相对安全、稳固得多。不过，大公司里管理岗位的竞争都非常激烈，所以择业时也可以考虑小公司的管理岗位，其收入可能比大公司普通业务员的收入都要高，也更稳定。

然而，仅仅考虑收益稳定性显然不够。对于年轻人而言，收入并非唯一需要考量的标准因素，尤其是在职业生涯早期，还应考虑资源的累积等问题，这对我们今后的职业生涯发展更为重要。

因此，我们还需要掌握第二种思维——资源累积速度。资源累积速度有助于我们理解行业积累资源的速度，这对我们做职业选择非常重要。

资源累积速度

大学刚毕业时，我在一家金融科技公司做企业贷款业务。当时，我是一家一家地拜访，经常遭人拒绝、被放鸽子……即便努力邀约，一周至多也只能和四五家公司洽谈，并且对方大多没有派出核心人员或高管来洽谈。那时，我掌握的资源非常分散，还难以形成一张有用的资源网络。

数年后，我转行做了风险投资人，由于平台不同，我明显感觉到资源累积的速度上升了好几个级别：好多财务顾问围着我，给我递项目；每天都有不少企业CEO加我微信，希望和我了解企业融资的问题；每天我都要看很多的商业计划书，并安排好和各个企业CEO约谈的时间。这样，我便以最快的速度累积了一张巨大的关系网络，而它对我之后的发展更是有着极大的推动和帮助。

自此，我深刻地意识到，资源累积速度可以说是在某种程度上决定了一个人成长、进步的速度。

而年轻人的资源累积速度，主要取决于公司的平台优势。我们可以想象一下，如果你递出一张知名公司的名片，大家自然更加愿意结交你、认识你，并和你合作。同时，你也能快速地累积客户资源，掌握行业核心商业秘密，维护上下游的供应商关系等。

事实上，很多人都深知资源的重要性。2014年以后，不少年轻人纷纷投身于创业中去。虽然这些初创的小公司提供不了相对稳定的收益，但是年轻的创业者们却依然蜂拥而至，这是为什么呢？

是因为这些小公司都在新兴的细分领域，大公司还尚未涉足，年轻人现在进入这些小型的科技公司，往往能够快速地累积各个细分领域里的资源。

对于一个企业，不管是大企业还是小企业，只有具备了行业头部资源，你才能从中获得有用的资源，并且实现快速积累。那么，我们又该如何找到行业头部资源呢？

首先，应优先考虑拥有雄厚资源实力的大企业。为此，你可以查阅上市公司的市值，找到各个行业中有实力的大企业；如果行业内没有上市公司，可以询问前辈，了解行业头部公司都有哪些。

比如，在石油化工行业，中石油拥有最佳的头部资源，进入这种公司，就意味着进入了最好的平台。然而，在这些成熟的核心大企业里，核心岗位往往并不易得到。如果你没有足够的实力或获得大公司核心岗位的信心，就应该找更适合自己的平台。

其次，关注新兴领域的重头公司。在新兴领域，往往都是一些小公司掌握着行业的头部资源。比如人工智能这类拥有光明前途的领域，像旷世科技和第四范式等中小企业就拥有该行业里的头部资源。

那么，如何才能找到新兴领域里的重头公司呢？这就需要我们时常关注风险投资行业的动向。只要我们通过科技类媒体关注企业的融资信息，就能知道新兴行业领域里哪些公司是最优质的。

与此同时，在充满活力的小公司里，你往往会有更多的机会得到更加核心的工作岗位，而这又能进一步加快你积累资源的速度。

现在，我们已经掌握了收益稳定性和资源累积速度这两种思维方式，知道如何根据自身情况利用它们做出决策。但是，这两种思维方式都是从择业者自身的角度出发，并没有从企业的角度进行思考。

因此，第三种思维——需求广度——就可以帮助我们站在公司的立场上进行思考，并明白公司对我们的需求的广泛程度。

需求广度

大学期间，我曾在一家互联网创业公司兼职。一年下来，我几乎将公司所有的岗位——网络营销、页面设计、编程、团队管理、销售等全都“体验”了一遍。那么，我为什么要在短短的一年时间内尝试这么多的岗位的工作呢？

因为小公司要想节约人力成本的话，每个员工就必须是能胜任多种工作要求的“多面手”。换言之，这家公司对我的需求广度很宽。也就是说，我需要满足营销、设计、编程等多方面的岗位要求，才能满足公司的需求。

那段时间虽然工作很忙，但我却过得很开心，因为我在这一年里学到的东西比在大学四年里学到的都要多。那段经历对我的职场生涯帮助非常大。

反观大型互联网公司，岗位拆分得很细，公司对员工的需求广度很窄。例如，在这类公司里，设计岗位会被分为用户界面设计、用户体验设计和用户交互设计三种——单单设计这一环节就被分成三个工种，而且每个工种负责的内容都各不相同，相对单一。

小公司则不会分得这么具体，常由一个设计师完成所有的设计工作，包括网站设计、App（应用程序，Application的缩写）设计，甚至海报设计等。

这就意味着，我们需要根据自身的情况选择适合自己需求广度的公司。那么，如何才能做到呢？

首先，我们应该了解自己——是希望从事较为单一的工作，还是成为一个多面手呢？

我是一个喜欢思考、愿意接触新事物的人，大学兼职时，我被一家小公司塑造成了一个互联网行业的多面手，而且我个人也非常享受这个过程。或许有不少人和我一样，思维活跃、适应性强，当然也愿意在某一个方向做到精耕细作。

至于你，是更热衷于掌握某项具体的技能，努力把它做深、做透，还是生来兴趣广泛，想要尝试不同的角色？对此，我们应该客观地、充分地评估自己的情况。

其次，当你了解了自己的倾向之后，就要挑选适合自己的需求广度的公司。

通常而言，大公司的岗位设置会更加精细，每个岗位对员工技能的需求宽度也相对较窄，而小公司的岗位设置则更加宽泛而有弹性——这就是大公司和小公司在需求广度上的差异。

最后，我们应该意识到，公司对我们的技能需求广度并非一成不变。

年轻时，我们应该尽量扮演不同的角色，这对今后的发展将会大有裨益。很多大型企业要求管理培训生最初在各个岗位轮岗就是这个道理。而随着年龄增长，我们则需要在某个领域形成自己的专长。

我的个人经历便是很好的例子，刚入职场的那段日子，我几乎接触了互联网公司的所有工种，后来才慢慢地具备了一定的视野和能力，并迅速积累了更多的资源……这一切，使得我有足够的实力专心致志地从事投资工作。

在选择大公司还是小公司这件事儿上，善于运用收益稳定性、资源累积速度和需求广度这三种财务思维，无疑是能够帮你做出正确判断的。

说到底，公司无论大小，只要是最适合你的，就是最好的。

比较成本：如何用定位赢得职场先发优势

我有一位在北京工作的老同学——草莓同学。她在某个画家协会就职，师从一位著名的画家。最近两年，当昔日的同学频繁出入望京、金融街或者西二旗这些黄金地段的写字楼时，草莓同学每天则要面对住在二环内古色古香的北京大院里那些不食人间烟火的艺术家们。

时间一长，她感觉自己像被困在封闭的环境里，为此感到非常困惑，于是向我请教。我问她："你了解自己的优势吗？你觉得自己适合什么行业？"果不其然，她的回答与我推测的一样——她之前并没有想清楚自己有何优势，只是听从家人的安排。草莓同学因为不了解自己的优势，而白白地浪费了职业生涯发展初期的黄金时间。

有些朋友可能会有类似的困惑：我有哪些优势？我的这些优势该如何与行业选择相结合？我应该考虑哪些因素，又该从哪些方面思考这两个问题呢？

针对上述问题，我将利用“租值”、比较成本优势和供需匹配这三种思维为你一一解答。

“租值”，可以帮助我们分析因曾经的投入而带来收益的情况。例如，你去年买了一套房子，买房支出是你去年的投入，而你今年获得的租金收入便是“租值”。

首先，我们看看该如何用“租值”这一财务思维帮你找到自己的优势。

租值

在选择大学专业这件事方面，不同的专业会带来不同的“租值”。比如，处于风口的人工智能专业，可以让你初入职场便实现月薪三四十万的目标；而某些冷僻的专业，可能毕业生连找到合适的工作都很困难。

我们花钱读大学，花时间“啃”难啃的专业。学业上的投入给我们带来了更多的收入，这就是“租值”。

毕业后，我们勤奋上进努力考证，例如注册会计师从业资格证、基金从业资格证，等等，这些证件能够增加我们的职业收入，这也是“租值”。

我的姨夫买了一辆新车，并且申请到了出租车运营牌照，还找了一位司机专门负责运营。扣除车辆维护和司机工资等费用支出，他每个月还能获利3000元，这3000元也是“租值”。

在选择行业时，首先你应该向内寻找答案，问自己一个问题：我最大的“租值”是什么？

很显然，人与人的答案各不相同。有的人是学霸，在某个专业领域表现异常优秀，那么他的专业“租值”就大；有的人敢于冒险，拥有过人的胆识，同样会带来“租值”；有的人父母在某些方面累积深厚，孩子就可以子承父业——这时，父母也是子女的“租值”。

其次，我们要把自己的“租值”投入到能够发挥自身“租值”作用的行业中。

例如，你拥有建筑师资质，在土木工程行业就能更好地发挥自身的“租值”。但是，面对这世上的“三百六十五行”，我们怎么才能知道自身的“租值”对应哪个行业呢？对此，就业顾问往往最具发言权，我们应该虚心地向他们请教。

最后，我们应该时刻注意增加自己的“租值”。

每个人在进入社会后，都会拥有不同层面的“租值”。随着个人职业生涯的发展，你会发现，收入的增加很大程度上来自于自身“租值”的增加。

在任何一个领域，你只要耐心钻研，都能提升自己的“租值”。以我所在的风险投资行业为例，我经手的案子越多，我个人的“租值”就越高，企业支付给我的报酬也就越多。

然而，仅仅考虑“租值”还远远不够。“租值”来自你过往的历史投入，而面对未来时，还需要从更为细致的角度看待自己。这就要提到另一种思维——比较成本优势。

比较成本优势告诉我们，如果你能够比其他人用更低的成本做成某一件事，将会为你带来很大的优势。比如，我国古代提倡男耕女织，因为男人耕田比起女人更有比较成本优势，而女人织布则比男人更有比较成本优势。

比较成本优势

有这样一则寓言故事：在一个寒冷的雨夜，一个卖饼的人和一个卖柴火的人同时被困在破庙里过夜。到了晚上，卖饼的人冻得不行，卖柴火的人饿得不行。但是，由于他们没有与对方交换货物，最后卖饼的人被冻死了，卖柴火的人也饿死了。

从比较成本优势的角度出发，我们再来分析一下这个故事。

两人被困破庙时，卖饼的提供食物，具有食品方面的比较成本优势；卖柴火的提供取暖物资，具有取暖方面的比较成本优势——这种互补的可能性，恰恰是分工合作的基础。

如果你仔细观察自己所在的公司，就能看出公司内部不同员工的比较成本优势。例如，在互联网公司，程序员在编程方面具有一定的比较成本优势，而产品经理则在产品设计方面具有比较成本优势。因此，他们才能互补合作。

可见，比较成本优势是指你能够比其他人用更低的成本做成某件事情而带来的优势。相对于"租值"，比较成本更具未来指向性。

那么，具体到选择行业时，我们又该怎么做呢？

首先，应该梳理自己的比较成本优势。

判断自己是否具有比较成本优势，一个简单的方法是——当你做一件事时并不觉得劳累，那么，你在这件事上便拥有了比较成本优势。

比如，我有一个朋友，他对数据非常敏感。哪怕是整天盯着电脑屏幕上密密麻麻的数字，他也一点儿都不觉得累，这便是他的比较成本优势。

其实，我们每个人都拥有自己独特的比较成本优势，只是可能尚未被自己发现罢了。

其次，要找到能够发挥自身比较成本优势的行业。

例如，我的一个大学同学的嗓音特别浑厚有力，毕业后做了播音主持；还有一个室友，具备很强的沟通能力，后来做了咨询顾问。这两位同学都是在各自所在的行业里充分发挥了自己的比较成本优势。

“租值”和比较成本优势能够帮你深度了解自身的优势，而对接行业需求时，还须用到第三种思维——供需匹配。

供需匹配，可以帮助你理解供应和需求的匹配关系。譬如你渴了，我给你水喝。此时，渴是需求，水是供应，两者相互匹配。

供需匹配

有一部纪录片讲的是一位赌王的人生故事。这位赌王曾经叱咤风云，无人能敌。但有一次，他遭遇了人生最大的挫折。因为赢得太多，一位位高权重的老板气急败坏之下让手下打断了他的手脚。

从此之后，赌王再也无法赌博，他试过做口技艺人、摆地摊等生意，但是并不顺利，日子过得穷困潦倒。

迷茫之际，一位朋友指点他，既然你擅长的事情与赌博有关，何不反其道而行之？赌王茅塞顿开，当即改变方向。随后，他出现在各类戒赌活动和电视节目中，以自己的亲身经历现身说法，并通过现场演示的方式劝诫大家远离赌博。

此后，赌王的人生逐渐回到正轨，还有了一个幸福美满的家庭。

赌王的人生是如何成功逆转的呢？赌王做口技艺人、摆地摊时，显然没能将自身的特长和优势与行业需求进行很好的匹配。而戒赌行业虽小，他自身的“租值”和比较成本优势却与之成功地匹配，人生的逆转自然水到渠成。

面对某一个行业，你就是供应方，而行业就是需求方。如果你长期处在寻找工作方向的迷茫之中，甚至工作了几十年仍在寻找，那么只能表明你依然没有找到一个合适的行业，也无法充分发挥自身的“租值”和比较成本优势。

可见，选择行业其实就是一个匹配自身“租值”和比较成本优势的过程，需要你透彻地了解自己，也了解行业。

当然，这一过程可能会花费你几年甚至更久的时间，然而，就像俗语说的——“三百六十行，行行出状元”，总有一个行业能够充分发挥你的优势。

运用上述三种思维进行分析，相信你已深入理解了自身的优势。如此，就能顺利找到可以最大程度地发挥自身优势的行业了。

资源聚集效应：
哪个城市更适合你的发展

早在从新加坡国立大学毕业之前，我就已经认识到：地域选择，是我发展事业的第一要务——因为在哪个地区、哪个城市工作将会直接决定我们事业的上限、基准收入水平以及我们的视野。

那么，我们究竟该如何选择城市呢？

基于对当时世界经济发展形势的判断，我认为，东亚地区是未来世界经济发展的中心。所以，我打算将自己的就业区域目标锁定在东亚的某个大城市。

众所周知，东亚的大城市有新加坡城、日本的东京，韩国的首尔和釜山，中国的香港和北京、上海、广州、深圳等。于是，在大学的最后一个学期，我的一项研究课题就是分析各个城市的创新能力。在老师的鼓励下，我几乎将这些城市跑了个遍，并最终把目标锁定在了北京。

对于刚毕业或处于职业生涯早期的年轻人来说，一个关键的战略选择就是对于城市的选择。这里涉及选哪个城市、需要考虑哪些因素、什么样的城市才是最适合自己的等一系列问题。

下面，我们会用到财务思维中的三种思维方式——资源聚集效应、产业结构和准入门槛。

资源聚集效应可以帮助我们了解一个城市的资源总量。接下来，让我们看看这一思维在选择城市时的应用。

资源聚集效应：选择城市的基础

在美剧《权力的游戏》中，来自北方苦寒之地的雪诺问小恶魔，为什么会有这么多人挤在拥挤不堪的君临城中？小恶魔回答说，因为城里有更大的酒吧和夜场。

这就是城市资源聚集效应的体现。

任何一个实体，资源累积都有马太效应，即强者愈强、弱者愈弱。这个实体可以大到国家、中到城市、小到公司甚至个人。从城市的角度看，资源累积一旦有了先发优势，这个优势就会越来越突出，发展就会越来越好。

当年，我在寻找心仪的城市时，曾经到过日本东京。我发现，东京几乎聚集了整个日本六分之一的人口，是日本的政治、文化、经济、交通和医疗中心。这里有数不尽的街道、商场和酒肆。日本政客参与选举时也常说，拿下东京，就拿下了半个日本。

世界上，像日本东京这样一个城市占据整个国家大部分资源的情况比比皆是，每个国家的首都和头部大城市基本都具有这种特质。而北、上、广、深则是中国的“头部”大城市，拥有全国最优质的资源。相形之下，各个省的省会城市也拥有着该省最好的资源。

在马太效应的作用下，城市发展的趋势是“强者恒强”，所以作为个人，想要拼出一番事业，第一件事就是根据自身情况选择资源聚集程度适合自己发展的地区和城市。

如果你毕业后留在家乡工作，但是一段时间后，总觉得生活迷茫，缺乏动力，很可能是因为你选择的城市没能和你的理想充分匹配。此时，不妨考虑离开家乡的舒适环境，到更大的地方闯荡一番。当然，也可能是你对眼前这个熟悉的环境没了激情，不妨考虑去发展程度类似的地方试一试。

值得一提的是，选择头部城市只是一个可能的方向，并非每个人都必须这么考虑。其实，一个人在任何地方都能实现自己的价值——很多人在三四线城市，甚至于乡镇、农村，只要条件环境与自己的能力适配，照样能够干出一番大事业！

事实上，你最应该做的就是——认清自己的能力和优势，想明白自己未来究竟想过怎样的生活。

仅仅了解资源聚集效应，还不能完全帮你找到最适合自己的城市，因为它只是一个宏观的思维方式，还需要用另一种思维方式——产业结构分析——做进一步分析。

产业结构分析能够帮助我们了解一个城市的优势产业，这样我们就能够分析出这个城市长期来说究竟适不适合自己。

下面，我们具体分析这一思维是如何帮我们进行城市选择的。

产业结构：选择城市的前提

我有一个高中同学名叫山竹，他的学习成绩非常优秀。大学时，他所学的专业是化工。后来，他在一家头部互联网游戏公司实习时却迷上了游戏，甚至把制作优质的游戏视为自己未来的梦想。

他毕业后，上海好几家化工制造企业有意录用他，可是山竹同学对自己的游戏梦想一直念念不忘，最终选择了去杭州发展。不久之后，他就在杭州成立了自己的游戏工作室，并且很快拿到了阿里资本的风险投资。

从整体上看，虽然杭州的资源不如上海，但是杭州的互联网行业发展优势却是上海难以匹敌的。山竹同学非常清楚，自己的择业目标是互联网行业。所以，在一番深思熟虑之后，他毅然将自己事业的起点选在了杭州。

可以说，山竹同学在考察适合自己发展的城市时就运用了“产业结构”思维。通过分析一个城市的农业、工业、服务业以及各细分行业所占的比重，可以大致地看出在其中未来的发展前景。

例如，东北地区有些城市的核心产业属于资源型产业，数十年后，随着资源的消耗，相关产业发展日薄西山，城市发展进程很可能会越来越慢，必须等待合适的时机进行转型升级。而有些城市的核心产业是以高科技行业为核心的服务业，发展势头如旭日东升，城市前景可以说是无可限量。

可见，了解一个城市的产业结构，相当于对其所有的资源做了一次剖面分析。那么，有哪些方法能够帮助我们了解一个城市的产业结构呢？

首先，在互联网时代，我们可以通过网络查找到有关某个城市产业结构的资料、多个城市在产业方面的对比与分析结果。当然，也可以利用别人的研究结果为自己辅证。

其次，可以分析自己有意向的行业，看看行业中的头部企业都分布在哪些城市。如果某个行业的头部企业都集中在某个特定的城市，那么该城市该行业的发展一定是全国首屈一指的。

最后，可以向长辈、老师、学长或学姐请教，通过他们的工作经历，了解备选城市的产业结构状况。

山竹同学在选择适合自己发展的城市时，由于他心仪的事业正好与所选城市的优势产业相匹配，他的成功才会水到渠成。

除了资源聚集效应和产业结构，每一个城市都有自己的准入门槛——这是评估自己是否具备在某个城市长期发展的必要条件。我们必须结合自身情况，跨越这些门槛，才能真正地融入其中。

准入门槛

我一个朋友表姐的家庭条件不是很好，她读完中专就被迫辍学了。她先是在北京打工，两年后，她发现北京的门槛实在是太高，以自己目前的条件，几乎不可能在这里成家立业。再三考虑后，她回到了老家。一路摸爬滚打后，她发现培训班的生意看着不错，便开始经营自己的事业。就这样，她在培训行业一干就是5年。现在，她已经开了3家加盟店，还在老家买楼置业。

作为首都的北京，无论是资源聚集程度还是产业结构优势，都堪称优越。然而，优秀的城市自然会吸引更多优秀的人才，结果导致北京的城市门槛变得越来越高。再加上户籍、教育、买房资格和买车资格等方面因素，都是“北漂”一族迟早要面对的“拦路虎”。

相形之下，表姐在这些方面显然完全没有任何优势可言。这种情况下，回到老家反而是更为理智的选择。事实也证明，她在老家获得了更好的发展。

准入门槛几乎无处不在。从某种意义上说，一个城市的准入门槛决定了你能否在此实现安居乐业。所以，我们在选择适合自己发展的城市之前，一定要充分考察这个城市的门槛，比如户籍、入学、买房、买车以及其他重要的事情，弄清楚你是否已经满足了这些外在要求。

如果答案是否定的，你还要考量自己多久才能满足这些要求，在此过程中，你还要考虑其中的时间成本自己能否接受并承担得起。

当然，如果你已经达到了某个地区、某个理想城市的门槛高度，那么，凭借资源聚集效应、产业结构和准入门槛这三种思维方式，相信你一定会找到适合自己发展的城市。

流动性溢价：
金融、互联网等行业高收入的秘密

读大学的时候，家人有意让我选择土木工程专业。为什么呢？因为那些年与房地产相关的工程业务非常火。家里有一位亲戚就从事建筑工程业务工作，他说只要我大学毕业，考个建筑师资格证，挂靠在建筑公司，一年就能挣30万元。

当时大学毕业生能拿到年薪10万元已属少数，而这个行业却有一份30万的“闲差”。虽然我因为兴趣选择了计算机专业，但还是对房地产行业的高收入感到震惊了。

我国拥有非常细致的产业分工和完善的产业结构，年轻人可以选择的行业，细分的话，可以达到几百种。据2019年腾讯发布的一份工资报告显示，全国薪酬最高的三个行业分别是金融、互联网和房地产。

为什么在那么多的行业中，金融、互联网和房地产是收入最高的行业呢？这三个行业到底隐藏了哪些秘密？它们造就行业高收入的因素又有哪些呢？

通过分析这三个高收入行业的特点，我们能知道高收入行业背后的共性，这样就可以指导我们更好地选择行业。

接下来，我们将运用三个财务思维——劳动力素质、自然垄断和流动性溢价——立体地观察一个行业，让大家看清高收入行业背后的秘密。

通过分析劳动力素质，我们能够知道一个行业从业者的身体素质、智力素质、品德素质等方面水平。首先，我们来看看运用这一思维如何分析高收入行业的行业特点。

劳动力素质

我有一位朋友在北京的某家互联网公司打工，有一天，她和妈妈在视频聊天时说起了北京丰富多彩的生活，她的妈妈听着听着却暗自垂泪。

原来，我的这位朋友的母亲在老家从事农业种植，每个月没有多少收入，女儿越是过得充实精彩，她的妈妈越是心疼孩子劳累艰辛。朋友的母亲初中都没有毕业，虽然也在城里找过工作，却始终没有找到一条好的出路，最后只好又回了老家。

从劳动力的角度来看，由于这位前辈的劳动力素质无法满足进入城市、从事更有前途的行业工作的要求，所以只能在老家务农。而金融、互联网和房地产行业的劳动力素质都较高。

当然，这是因为高素质的劳动力可以创造更高的价值，获得更高的收入。

每个行业对劳动力素质都有各自的要求。农业对劳动力素质的要求较低，几乎不限学历和经验，但需要吃苦耐劳的品质。而我的这位朋友所在的互联网行业不仅有学历上的要求，还要具备一定的对信息科技的理解能力；金融行业也要求学历，同时还要掌握必备的金融知识；房地产行业同样需要学历、资质，以及与各类房地产策划或工程相关的知识。

所以，年轻人如果想要获得高收入，就要努力提升自己的专业素养和知识储备。

首先，作为劳动主体，我们每个人都需要不断提升自己在所在行业的技能水平。

无论哪个行业，都需要具有特定的技能。通常，每一项技能都需要经年累月的打磨、持之以恒的磨炼，这样才能使我们的工作能力得到提升。

有一位服务于我国国防事业十多年的战斗机技师，由于技术过硬，他的薪资远远高于一线城市的白领。如果你也想像他一样，不断提升自身的能力，一方面，你需要通过自学、读书、培训等方式来扩大自己的知识面；另一方面，你更要在实践中向比自己更加优秀、更有经验的前辈学习。

其次，我们还需要提升自身的软实力。比如沟通能力、团队协作能力、组织统筹能力，等等。这些软实力是各行各业的佼佼者都必须具备的能力。

最后，需要注意的是——并非只有金融、互联网、房地产才有高素质的人才——每个行业都有属于本行业的高素质人才。无论你从事哪个行业，都要不断提升自己的素质；只有在本行业中创造更多的价值，才能获得更多的回报。

仅仅依靠劳动力素质这一思维，并不能完全分析高收入行业的特点。因此，我们就需要用到自然垄断这一思维。

理解了自然垄断，我们能够明白为何某些产品或服务由某个企业大规模生产反而比多个企业同时生产更有效率——在这样的行业格局中，容易呈现一家独大或者少数几家企业垄断市场的局面。

自然垄断

2004年，美国加利福尼亚州多个城市的政府联合对微软公司提起诉讼——这就是著名的“美国微软反托拉斯法案”。诉讼指出：微软公司由于在个人电脑操作系统行业中的垄断地位，为计算机软件及操作系统定了不合理的价格，因此妨碍了市场竞争。

然而，在旷日持久的反托拉斯诉讼中，美国司法当局通过细致的调查和严密的分析发现，软件行业是一个自然垄断的行业。在这种特殊的行业中，如果某个企业长期占据垄断地位，不但不会妨碍市场经济的发展，反而会促进经济发展。

于是，美国司法当局逐渐放松了对微软的指控。直到今天，微软还是科技行业的巨头。

也许和你想的不一样，垄断有时候并不都是坏事。在自然垄断的行业里，垄断是能够提升工作效率的。在这样的行业中，会出现有实力的大公司。

互联网行业就是典型的自然垄断行业。在中国的互联网行业，众所周知的大公司有阿里、腾讯、百度等。

金融行业是否也属于自然垄断行业呢？是的，金融行业也具有自然垄断的特征，比如信托公司。那么，既然它属于高收入的行业，为什么我们没有看到很多公司一窝蜂地来做信托业务、充分竞争呢？

因为过度的竞争会使信托公司做更多的风险业务来获得利润，这样很可能会导致大量的投资人处于风险之中。因此，大型信托公司处在相对垄断的位置，反而对社会、对投资人更加有利。

房地产更是天然垄断的行业。因为每一块地都有其独一无二的区位，从土地的角度看，每一栋楼、每一套房都是独一无二的。开发商在某一个具体的区位便处于相对垄断的状态。

对于垄断行业的企业来说，由于其生存压力较小，所以行业收入一般都较高。

当然，自然垄断行业的数量也是有限的。为此，你可以把目标放宽一些，不妨选择趋向自然垄断的行业。那么，怎么才能知道哪些行业是趋向垄断的呢?

首先，我们需要清楚一个行业的市场规模。你可以通过互联网搜索到大量的行业分析报告，从中可以知道各个行业的市场规模有多大。比如，通过网络查找，你知道国内网约车行业在2019年的市场规模是3000亿元左右。

其次，我们需要了解行业内头部公司的业务规模。比如，在网约车行业，你可以查找某滴公司，其业务规模在两千多亿元。也就是说，某滴公司一家的市场份额就占比70%以上。在市场经济的推动下，如果一家或几家公司占据某个行业50%以上的市场份额，那么这个行业就是自然垄断的。

所谓的垄断行业不单是指互联网、房地产这类的大行业。即便是街边卖桂花糕的小食店，由于味道独树一帜，街坊邻居都来购买，这个小食店也是这条街上的垄断经营者。其实，自然垄断行业就在我们身边，每个人都有机会参与其中。

接下来，我们会用到第三个思维——流动性溢价思维。

流动性溢价

汉口，在中国航运史上有着极其重要的地位。古代中南地区的茶叶、丝绸、木材、盐等大宗商品都是从各个产地通过航运进入汉口。比如盛产茶叶的徽州，距离汉口有300多里，一次运输需要两天左右的时间。

既然如此，为什么茶商还要费很大的周折坚持把茶叶运到汉口呢？答案就是——“货到汉口活”。

徽州地区的茶叶难以在本地销售，而汉口却集中了中南地区乃至全国各地的采购人员。

很多时候，货物在还没上岸、进入码头时就被买家买走了。“货到汉口活”，说明汉口凭借其得天独厚的地理优势聚集了大批商人，因此带来大量税收收入，盘活了当地的经济。而这些税收，就是汉口一地获得的“流动性溢价”。

流动性溢价，指的是将某种资产转化为现金所获得的收入。比如，你通过理财顾问买了某种理财产品，理财顾问就会获得销售佣金。站在理财公司的角度看，理财顾问帮公司把理财产品转化成了现金，给理财公司带来了资金流动的可能。所以，理财顾问的佣金就是流动性溢价。

在金融行业，流动性溢价的例子比比皆是。金融的本质，就是出钱人和借钱人的相互撮合。而金融行业就是给缺钱的人提供流动资金的行业。你去银行贷款借钱装修，银行给你流动性资金；你开公司上市，证券市场给你流动性资金……可以说，在金融行业所获得的收入中有相当一部分来自流动性溢价。因此，金融行业的收入比一般的服务性行业要高。

互联网行业也有流动性溢价的例子。比如，你的手工艺品通过淘宝这个平台能够很快变成钱；你的闲置二手物品能够通过闲鱼、转转等平台卖出去——这些都是互联网行业提供流动性的地方。

虽说专门提供流动性的行业数量非常有限（像上文提到的金融行业），但其他很多行业中都有渠道、销售这些专门负责提供流动性的岗位。

当然，我们每个人都进入金融行业也是不切实际的，而且金融行业也容纳不了这么多人。但我们可以想一想如何为自己所在行业的产品或服务提供流动性。

举个例子：有人利用工作之余在网络上销售家乡的一种特产——人参，不仅如此，他还开了一个公众号，专门普及人参滋补的相关知识。目前，这个人的销售能力能够抵得上四五个销售。他也因此获得了不菲的收入，这就是典型的流动性溢价的例子。

通过使用劳动力素质、自然垄断和流动性溢价这三个财务思维，我们可以分析自己所属的行业。这样就能更加明晰将来选择什么行业更有利于个人的发展。

杠杆思维：如何跻身高收入行业

前文我们提到，念高中时，我的家人有意让我报考起薪高且学起来相对轻松的土木工程专业。可是，最终我却选择了计算机专业。因为，当时我觉得从计算机专业毕业后就能直接进入互联网行业，其收入水平完全不亚于房地产行业。

后来，在我读大学时，出现了“互联网金融”这个全新的行业，这是计算机技术改造金融业而形成的。这个行业同时具有金融和互联网的属性，薪资水平比传统的互联网行业更胜一筹。于是，大学期间我又选修了金融课程。因此，毕业后我才能顺利地进入互联网金融行业。

在研究为什么金融、互联网和房地产行业的收入最高时，除了前文提到的诸多因素需要考虑外，还有一些不为人知的秘密。

我们将提供另外三个重要的财务思维方式，帮助你更好地理解金融、互联网和房地产这三个行业高收入背后的真正原因。

这三个思维分别是需求捕捉面、杠杆、信息不对称。

首先，我们看需求捕捉面，分析需求捕捉面，可以帮助你了解一个行业所能提供的商品或服务能满足其他行业的需求。

需求捕捉面

一个年轻的创业者来北京找我融资。他是一个不折不扣的军迷，想让我投资的项目是给军迷们收集徽章。

他的热情给我留下了深刻的印象。但是，我并没有给他投资。在我看来，即便军迷们对徽章的热爱再深，但由于行业的规模太小，它能提供的徽章服务对其他行业几乎毫无影响。

即使在徽章的生产制造过程中需要钢铁和油漆。但徽章的总体体量很小，对钢铁和油漆行业的影响也非常有限。所以，我认为军迷徽章行业是一个需求捕捉面很小的行业。

那么，什么行业对其他行业的需求捕捉面大呢？

例如金融行业。金融解决的是用钱和投资的需求，任何行业中的企业只要用钱来开展业务，就都绕不开金融行业。

还有互联网行业。互联网解决的是其他行业的信息化问题，以及如何利用互联网来捕捉客户的需求的问题。任何一个行业的企业只要希望通过信息化来提升工作效率，或者通过互联网来获得客户，就都绕不开互联网这个行业。

当然，还有房地产行业。任何行业都需要办公场所，几乎所有的公司都需要办公写字楼。

以上三个行业都具备巨大的需求捕捉面，在这些行业，你只要能持续地提供产品或服务，就能获得丰厚的收入。这就是金融、互联网和房地产行业相比其他行业收入较高的原因之一。

那么，我们在进入一个行业之前，如何判断这个行业的需求捕捉面到底有多大呢?

首先，我们需要了解这个行业提供的产品和服务，被多少行业需要。比如，以房地产行业为例，各行各业的企业在办公时都需要办公楼或场地，而这些都是由房地产行业提供的。

其次，我们还要知道这个行业提供的产品是否被大量的个人消费者需要。例如，石油能源行业提供的汽油、柴油不仅为货运、客运及航运行业需要，同时也满足了几十亿私家车主的需求……

如果一个行业的产品或服务被大量其他行业所需要，或者被大量个人消费者所需要，那么这个行业的需求捕捉面就很广。

在需求捕捉面这一思维尚不能完全分析行业高收入原因时，我们可能需要将目光转向杠杆思维。

杠杆

刚到北京时，我在某个中介租赁房屋。这个平台的使用非常便利，就连家里的任何设备坏了，都会有师傅及时上门维修。各个年龄段、来自各个省份的维修师傅，我都曾遇到过。他们都是勤奋朴实的劳动者，值得敬佩。然而，他们的收入却不高，原因之一就是：修理业务都是一手交钱一手交货，没有办法使用杠杆原理。

那么，“杠杆”又是什么意思呢？

顾名思义，杠杆，就是借别人的钱去做投资、发展事业。从某种意义上说，杠杆能够放大我们的收益。当一个项目处于盈利的状态时，杠杆能够极大程度地放大这种盈利效果。

著名的房地产专家董藩教授曾举过一个有趣的例子。

20世纪80年代末，董藩正读大学四年级。他的一个同学看上了一个不认识的女孩。于是，趁着一道上自习的机会，这位同学凑过去问女孩：“能借我一块钱吗？”女孩同意了，准备找钱给他。同学又说：“你太仗义了，要不你借我两块钱吧？买两碗炸酱面，我请你！”想不到那个女孩竟同意了。后来，这两人真的谈起了恋爱，毕业后一起去了深圳打拼。再后来，董教授听说，他俩在深圳发展得很顺利，过上了幸福、富足的生活。

这个故事里，借钱这个动作就是杠杆行为，而后来的事实也再次证明，想要抓住好机会，有时确实需要活用杠杆思维。

这两个故事里，辛勤的修理工和善用杠杆原理的大学生，他们的人生轨迹完全不同。生活中，我们又该如何灵活地使用杠杆原理呢？

接下来，我们以上文提到的三个高收入行业为例，看看在这些行业中是如何使用杠杆的。

金融行业的本质是资金拆借。在此过程中，参与者会使用各种杠杆原理——无论是企业经营，还是个人消费，都可以向金融机构借钱。

互联网行业也可以运用杠杆原理。比如，你想开一家互联网公司，即便资本金不够，也照样能通过融资获得杠杆，把公司开起来。事实上，互联网行业中的很多公司都是通过融资获得了最初的发展资金。

换言之，公司融资就是加杠杆。

在房地产行业，从投资方角度来说，从拿地、建设到销售环节，都需要向银行借钱，杠杆几乎无处不在。而老百姓买大件商品时，也常常需要向银行贷款。

由此可见，金融、互联网和房地产，都是善于利用杠杆原理的行业。

既然杠杆如此重要，你在选择行业的时候，一定要认真观察、思考，这个行业利用杠杆原理的程度有多深。一般来说，杠杆率高的行业，收入能被放大，薪水较高。

那么，如何判断某个行业的杠杆水平呢？

你可以通过上市公司公开的财报了解各个行业的杠杆情况。如果财报显示一个行业的负债率较高，那么这个行业的杠杆率也较高。

虽然杠杆能够放大业务收入，但是当一个企业的杠杆率明显高于所在行业的平均水平时，我们也应该注意它可能带来的风险——由此看来，杠杆其实也是一把双刃剑，需要慎用。

下面我们介绍第三个思维——信息不对称。通过分析信息不对称性，我们可以知道，在交易过程中，买卖双方、上下游之间拥有的信息的不同，决定了交易双方的优势或者劣势。

信息不对称

北京的大型房地产中介公司，可以说是掌握了北京绝大多数的二手房源。如果你想买房子，必须得找中介公司，他们会告诉你哪里有合适的房源。而作为服务方，他们会收取房产交易额3%的资金作为中介费。假设你买1000万元的房产，中介服务费就是30万元。

为什么中介的利润会这么高呢？这是因为在交易过程中，买卖双方、上下游之间掌握的信息是不对称的。多数情况下，买卖双方会因为信息不对称而无法完成交易。在一场交易的过程中，谁掌握了更多的信息，谁就更有优势，也更容易获得丰厚的收入。

这种信息不对称的特征，正是高收入行业所具备的。

例如，金融行业解决了出钱人和借钱人之间信息不对称的问题，从而撮合他们成功交易。同样，互联网行业是典型的解决信息不对称的行业。比如电商平台，就解决了千千万万卖家和买家之间信息不对称的问题。这两个行业，正是因为解决了交易双方信息不对称的问题，才获得了额外的收入。

因此，我们在选择行业时，应该优先选择那些能够解决信息不对称问题的行业。善用信息优势，才能够获得超额收入。

那么，如何判断某一行业是否具备信息不对称的优势呢？

首先，这样的行业通常收集了大量的买卖双方的信息。比如机票网、酒店网络营销等公司，就收集了大量的比如航空公司机票、酒店床位以及消费者个人资料等信息。

其次，不仅要掌握大量的买卖双方的信息，还要利用这些信息成功地促成交易。比如，支付宝就是由于能让买卖双方直接在线上交易，从而获得了巨大的成功。

当你的人生面临择业问题时，运用需求捕捉面、杠杆运用程度、信息优势这三个财务思维，它们可以帮你分析并迅速找准高收入的行业，使你走上人生快车道。

第二章

学会利用资源杠杆，轻松带给你更高的收入和职位

RENSHENGJINGJIXUE

RENREN YONGDESHANG DE CAIWU SIWEIKE

人生经济学：

人人都用得上的财务思维课

社会身份：如何利用公司品牌为你赋能

刚毕业的时候，我在一家公司每天9点上班、晚上7点下班。下班后，我还会在宿舍加班、了解业务，几乎每天都要忙到半夜12点才睡觉。第二天依然照常上班。

每到周末，我不是在宿舍看书，就是在外面谈业务。如果浪费一个小时，我都会觉得心疼。我把手头的事务安排到几乎每一个小时。

当时，公司就是我生活的中心，工作就是我个人的价值所在。现在看来，我只顾埋头拼命工作，却从来没有想过自己和公司究竟是什么关系。然而，几年后，公司倒闭了，参与创业的伙伴们并没有因为努力工作而过上幸福的生活。

现在的很多年轻人和当时的我一样，虽然工作很努力，却忽略了自己和公司的关系。其实，你只有深刻领悟了其中的本质，才能做好自己的本职工作。

接下来，我们将介绍三个财务思维，帮你更好地理解自己和公司的关系。它们分别是：计件契约、时间契约、社会身份。

计件契约告诉我们，一些雇主和雇员会签订按照完成数量计算劳动报酬的契约。意思是说，你干了多少活儿，老板就给你多少钱。

计件契约

在北京的互联网圈，有一个小有名气的网络品牌设计师，她从事用户界面和品牌设计多年。当她积累了丰富的人脉资源后，就开始自己接单做业务。她通过淘宝、猪八戒等网络平台接单，一个月下来，有好几万元的收入，这比她在公司上班的收入还要多，而且时间也更加自由。

那么，她和淘宝、猪八戒等网络平台之间是什么关系呢？他们之间实际上是计件契约的关系——设计师是雇员，平台是雇主。雇主给她安排客户，而她作为雇员，完成多少订单，就挣多少钱。

再举一个例子。在一个生意好一点的理发店，一个勤快的理发师一个月30天无休，大概能赚一万多元。理发师按每天理发的次数和金额来计算绩效，月底按绩效发工资。这也是一个典型的计件契约。

社会上很多行业中都有计件契约存在。例如，最常见的销售行业，其主要采取的计算报酬的方式就是计件契约方式——销售员的大部分工资都来自销售提成，而这个销售提成，实际上就是计件契约约定的报酬。

在上面两个案例中，员工和公司之间是基于计件契约的雇佣关系。这种关系的好处在于，你在公司创造的每一点价值都会有回报。你服务每一个客户或者打造每一个产品，都会让你获益。

而其缺点就是缺乏保障。如果你不具备高效、持续地获得客户的能力，你的收入将变得起伏不定。

而一个人要不要选择或者从事基于计件契约雇佣关系的工作，是因人而异的。

首先，你要评估自己是否具备独立且持续地产出产品或提供服务的能力。

比如前文提到的设计师，由于她具备了一定的持续服务客户的能力，就可以规避计件契约的缺点。

其次，要评估自己是否掌握了一定的客户资源。

只有掌握了一定的客户资源，你才能将产品或服务销售出去，并且持续地服务客户。而只有服务和销售都掌握在自己手中，你才能获得比在公司上班还可观的收入。

对于初入职场的人来说，由于没有足够的技能和社会资源，计件契约往往会导致一定的收入波动，这对年轻人的生活稳定是不利的。

所以，如果你暂时不具备独立服务客户的能力，并且尚未掌握大量的客户资源，就要学会在工作中逐步累积资源。当然，获得这些资源不可能一蹴而就，需要长期持续的努力。

当计件契约这一思维还不能完全分析你和公司的关系，就需要使用第二个思维——时间契约。

时间契约告诉我们，一些雇主和雇员会签订以时间计算劳动报酬的契约。也就是说，你给老板干了多长时间的活儿，老板就给你多少钱的报酬。

时间契约

在国外读书的时候，我兼职做过教授的助理。理由很简单，这份工作可以帮我赚点零花钱。具体工作内容就是帮助教授做数据分析。作为学生，我不可能像真正的职场人一样上班打卡，那么，我怎么从教授那里领工资呢？

教授给了我一个日历系统，让我自己登陆并填写工作时长。发工资时，教授就按照我填写的工作时长结算工资——这其实就是一种时间契约。

很多上班族就是遵循时间契约来完成工作的——上班打卡、

下班打卡，每个月公司的人事或会计会审核一次你的工作时间。当然，如果你的出勤时间不完整，也会被扣工资。

而在现实中，这种基于时间契约的雇佣关系往往适用于难以具体衡量结果的行业。比如，程序员和产品经理，他们的工作难以有效地具体量化。所以，只能计算员工的工作时间。这种员工和公司的关系，就是基于时间契约的雇佣关系。

相对于计件契约，时间契约的好处是员工可以得到更加稳定的收入保障。即便几个月都在做研究、做产品，却没有出业绩，公司还是会按月发工资。因为产品一旦推入市场，势必会给公司带来利润。

那么，在哪些情况下，更适合跟公司签订以时间计算劳动报酬的契约呢？

首先是在职业生涯的早期。

这个时期，你尚未积累一定的上下游供应商以及客户资源，难以形成自己的销售网络。这时，如果你和公司签订以时间计算劳动报酬的契约，以一种出售自己时间的形式工作，你的资源积累效率一定会更高。

其次是在自身能力还比较弱的时候。

你即使工作了一段时间，积累了一定的资源，但仍然有很多知识、技能没有完全掌握。这时，你就需要继续学习和积累，与公司签订基于时间计算劳动报酬的契约。这样，一方面能保障你的收入，另一方面也能让你有充足的时间增加知识储备、提升专业技能。

下面，我来介绍第三个思维——社会身份，它是一个人参与社会活动的身份，通常能帮你快速累积到与你的身份匹配的社会资源。

接下来，我们看看这一思维是如何具体运用的。

社会身份

读大学的时候，我喜欢光顾各种好吃的小店。而回学校的时候，公交车常常已经停运，最后只好打车回去。因此，我经常和出租车司机闲聊。

有一次打车时，我发现司机竟然是一位当地某大型零售公司的董事。这种身份的人为什么会开出租车呢？原来，这位董事退休后一直很清闲，出来开出租就是为了打发时间，而且还能跟各种各样的人聊天，这使他的内心感觉很充实。

这位司机曾经是一名公司的董事，然而，现在他的社会身份却是一位出租车司机。作为司机，他最喜欢和年轻的乘客聊天，这样可以了解年轻人最新的潮流和喜好——两种身份的转换，给他带来了截然不同的体验和收获。

社会身份，是一个人参与社会活动的身份。员工在公司上班，公司就赋予你一个社会身份，它通常能帮你累积与你的身份匹配的社会资源。

如果你在一家理财公司做经纪人，那么你的社会身份就是理财师。凭借这个身份，你可以不断积累理财客户的资源。

如果你在互联网公司从事市场方面的工作，那么你的社会身份就是媒介采购。凭借这个身份，你会迅速累积到很多流量乙方的资源。

公司和你之间，其实是一种身份赋予与被赋予的关系，这就是你和公司关系的本质。为此，我们要学会善于管理和使用公司赋予你的身份，让它充分地为你赋能。

首先，要清楚身份给你带来的资源接触面的情况。

无论是销售、教师，还是医生、工人……都是社会身份。它带给你的不仅仅是收入，还有相应的社会资源，以及独特的资源接触面。比如，医生能够接触大量的病人。如果他自己开诊所，就能获得很多客户资源。

其次，在工作中必须维护好身份为你带来的各种资源。比如，有的医生对病人爱答不理，有的医生则笑脸相迎，甚至还会跟病人在微信上进行互动。如果这两种医生都开诊所，我们自然会选择后者。

所以，好的社会身份往往比一时的收入更能给人带来收获感、满足感。

不夸张地说，计件契约、时间契约、社会身份这三个财务思维，能让我们快速地积累资源、增加收入。等你积累了丰富的人脉资源，就能更加轻松、从容地面对生活。

资产思维：
你的上司影响着你的定价、升值和销售

毕业回国后不久，我就到一位行业前辈的公司里工作。他对我的帮助和影响非常大。在此之前，我的工作经验皆来自海外，在和他一起创业的过程中，我学会了如何更加本土化地开发和运营产品。

在公司的运营过程中，前辈和我不像一般的上下级那样，我们更像是师徒关系，他给了我师傅带徒弟一般的教导。

生活中，前辈和我则更像是兄弟。我们一起分享生活中的苦和乐，一起构建未来的梦想。多年后，我从前辈身上学到了很多做人做事的道理，这些道理至今仍然启迪和鼓舞着我勇往直前。

在职场中，良好的上下级关系能给你的职业发展带来一片光明。而紧张的上下级关系，只会让你的职业发展处处碰壁。

很多人都觉得上司仅仅是我们的领导。其实，上司在我们的职业生涯中究竟扮演着什么角色，我们却未必有过认真的思

考。那么，我们该从哪些角度分析和认清上司对自己的作用呢？

在这里，我们将用到财务思维中的三个思维方式，它们分别是资产定价、资产升值和资产销售。

我们可以客观地把自己视为劳动力资产，从资产的角度来帮自己分析——上司对于自己究竟意味着什么。通过资产定价，我们就可以了解自己作为劳动力资产被赋予价格的过程。接下来，我们看看资产定价这一思维在分析上司和你之间关系时的运用。

资产定价

毕业后，我一直从事金融科技行业的工作，但是后来对风险投资产生了非常浓厚的兴趣。于是，我决定投身到新的赛道，专门从事金融科技投资。

在进入心仪已久的投资机构之前，我并没有做过与投资有关的工作，因此也就无法以现有的薪资水平进入这个行业。面试时，我不得不接受降薪，最终上司和我谈定的薪水，比我原来的薪资水平低了30%。当时我感觉自己背负了很大的压力，一心只想使自己的薪资回到原来的水平。

在这个案例中，我作为劳动力资产，给我定价的是我的上司。所以上司对我而言，是我的资产定价者。

面对作为资产定价者的上司，最明智的相处之道是什么呢？

你必须为上司解决问题，及时汇报工作。对于上司交代的工作，必须做到事事有反馈、件件有回音。当你这样做了，不但能提高技能、积累知识和资源，也能让你的资产定价者看到你的价值。

如果资产定价这一思维不能完全帮助你了解自己和上司的关系，那么，就需要用到资产升值这一思维。资产升值，是指作为劳动力资产，你的价值是可以从低到高逐渐增加的。

让我们看看如何使用这一思维分析你和上司之间的关系。

资产升值

进入投资机构后，我的薪水一下子被降了3成。当时倔强的我下定决心，一定要努力工作，把薪水涨上去，为公司创造更多的价值。于是，做业务、接项目时，我总是承揽得最多，平均每天要接见两三个项目方，审阅的商业计划书不计其数。对于一些大家不愿意承接的项目、出差的苦活累活，我也不辞辛劳地去尝试。

在一年的时间里，我的足迹遍布大江南北，多次从北京往返于上海、杭州、深圳等城市。就连写报告这么简单的事情，我都愿意花比别人更多的时间，阅读、参考更多的资料。给我定薪的上司也主动带我、教我，就这样，一年后，我得到了上司的认可。在上司的协助和我自己的努力下，他连续两次给我涨薪，终于超过了我之前的最高薪水。

至此，我才算是真正地进入到风险投资行业，并且在不懈的努力中获得了满意的薪水。作为劳动力资产，我成功地实现了自我升值。后来，我逐渐做到上市集团最年轻的投资总监的位置，直接向董事长汇报工作。而这一切都要感谢最初的那位上司，如果没有他的帮助，我很难在短时间内实现升职加薪。

在职场中，作为劳动力资产，我们升值的最直接表现就是升职加薪。如果薪水没有增加，但是被调动到了更加核心的岗位，也是劳动力资产升值的体现。

这位带我入行、把我从新手培养成能手的上司，令我十分感激。他视我为潜力资产，并快速帮我完成资产升值，也让我对自己充满了信心。

因此，我们应该努力维护好自己与上司的关系，学习上司的经验，这样就能获得更多的优势。作为劳动力资产的你，自然也就能升值了。

资产既然能够升值，也有可能发生转移。这时就需要用到资产销售这一思维。分析资产销售，让我们明白，作为劳动力资产，可以从一个地方被转手到另一个地方，发生所有权的转移。

资产销售

我曾经在一家公司领导一个部门的人员，手下有几个小伙伴跟我一起并肩作战。可是好景不长，公司业务发展遇到困境，我所在的部门不得不被裁掉，好多天我都急得睡不着觉。

让我着急的不仅仅是自己的工作没有着落，更主要的是考虑到跟我一起打拼的小伙伴们，他们应该怎么办呢？我打开朋友圈，拼命地寻找机会，不停地和各种老板“小窗”。找了好几个月，事情总算有了眉目，终于，我找到一家朋友的公司，愿意接收我部门的这些小伙伴们。后来他们都得以妥善安置，每个人还涨了薪水，我才安下心来。

这个案例中，因为公司裁员，上司不得不为手下员工谋出路。你的上司在行业里的人脉和资源肯定比你多，也有更多的渠道帮员工找到合适的工作岗位。所以，特殊情况下，你的上司其实就是你的资产销售。他会帮助你从一家公司转到另外一家公司。

很多年后，如果之前的小伙伴有想换工作的，我依然会伸出援手。上司把你视为资产，有帮你介绍工作的经历吗？

作为劳动力资产，我们应该怎样加强对自身的资产管理呢？

首先，要和上司保持良好的关系。

每个行业、每个公司都会在经济周期中遇到转型和动荡的情况。特殊情况下，公司为了存续下去不得不裁员。你的上司比你有更多的资源，能帮你找到更多的就业机会。如果你一直和上司保持着良好的关系，必要时，他一定能帮你将自己成功“推销”出去。

其次，维护好自己在行业里的人脉和声誉，让同行了解你的能力和人品。

这种自我营销的意识其实并不新鲜，你可以通过朋友圈、各种行业论坛、甚至饭局等社交场合，打造自己的形象，展示自己的能力。做到这样，在有机会的时候，行业里的朋友才会想起你。

掌握了资产定价、资产升值和资产销售这三个财务思维，能够让你从资产的角度看待自己，清晰上司对于你的意义。

成本收益法：跳槽时，期望工资该怎么算？

我的父亲是一个踏实本分的人。他认为进入社会后在一家公司静下心来踏实地干，肯定会越来越好。只有这样才能获得领导的认可，才能在公司实现自己的价值。

而我的母亲则对这种观点不以为然。她认为如今行业形势变化很快，公司的平均寿命很短，一家公司有价值的时间很有限。她教育我，职业生涯是从较低价值的公司，奋斗到较高价值公司的过程。如果遇到好机会，就应该大步向前，勇敢地抓住机遇。

刚进入社会的我，面对这两种貌似都正确且相互矛盾的观点，也非常困惑。到底应该择机跳槽还是对现在的公司保持忠诚呢？

频繁跳槽的年轻人，看上去潇洒自由，其实在资深人事专员那里并不吃香。相反，有很多职场“老黄牛”，在一家公司任劳任怨了很多年，却一直得不到升迁和重用。

那么，到底应该在一家公司做好长期打算、长久地干下去，还是抓住机会勇敢地跳槽呢？我们为什么要跳槽？跳槽的风险有哪些？难道只有跳槽才能大幅涨薪吗？我们应该从哪些因素入手来考虑这些问题呢？

我将带给你三个财务思维来考量这些问题，它们分别是内部价格体系、成本收益法和量化情绪。

首先，我们来看一看内部价格体系这一思维是如何解决这些问题的。通过分析内部价格体系，我们可以了解公司、组织内部的工资价格体系和市场价格体系的区别。

内部价格体系

转做金融投资前，椰子是一家银行支行的副行长。转行做投资后，他的薪资大幅下降，但这并不能掩盖他的优秀。他精通一线市场的运作程序，深得项目方的赞许。所以他的业绩非常出色，经常一个人就能揽下团队的一半业务量。

不到半年时间，市场上很多同类机构就纷纷向椰子抛出了橄榄枝。这些机构开出的薪资，是他现有工资的两倍多。面对高薪，椰子动心了，去和领导商量。他说，如果能给他涨薪两倍，他就接着在公司好好干。领导心里也明白，椰子确实“物超所值”。

可是，领导为椰子争取了一圈后才发现，按照公司的规定，最多只能涨薪30%。最后，领导只能无奈地看着这个得力的下属去了别的机构，拿着2到3倍于现在的工资。从市场行情看，椰子明明配得上这个价，但为什么这家公司不能按市场价格给他开工资呢？

原因就在于，每家公司的人力薪酬体系都是由一种内部价格体系决定的；而一个员工值多少钱，是由市场价格体系决定的。在这个案例中，椰子按照公司内部工资的价格体系，最多只能涨30%的薪水。

看似不合理，其实是有原因的。内部价格体系有很多考量因素，比如整体员工的人力成本、员工之间的工资差异，以及企业培养员工需要的成本等。这些因素都会导致企业无法按照市场价格给予员工报酬。

那么，企业何时才会按市场价格给员工报酬呢？答案就在招聘的一瞬间。企业招聘你时，承诺的是市场价格，而一旦你进入公司内部，遵从的就是企业内部的价格体系。所以，才会出现企业难以给你匹配市场标准的报酬的现象。而这也正是很多人选择跳槽的原因之一。

明白这些实质后，我们应该怎样看待内部价格体系和市场价格体系之间的这种差别，使它对自己更有利呢？

首先，抓住入职时谈判薪资的机会。

在求职或入职时充分谈判，在市场价格体系的基础上，最大化你的薪资要求。

其次，当公司的报酬不如市场薪资高的时候，要先对公司内部的价格体系有一定的理解。

内部薪资体系低于市场薪资是职场的普遍现象，并不是某一家公司的个例，不能完全归因于公司恶意压榨员工。

明白这些之后，你才能做到客观、理智，不至于整天冲动地想着跳槽。如果当上述思维方式不能完全帮你分析是该跳槽还是留守时，接下来我们可以利用成本收益法，这一思维方式能帮助我们权衡成本和收益。

成本收益法

一位资深猎头与我聊天，把她多年从事人力工作总结到的经验说给我听。

她说，一个人选择跳槽其实有很高的成本。比如，职业生涯会显得更加破碎；进入新公司后，要有一定时间的适应期；而新公司的业务发展情况并不像你预期的那样等等。所以，为了避免这些损失，一般人都不会轻易跳槽，除非是在薪资水平大幅提高的情况下。

对处于上升期的年轻人来说，如果未来你的薪水增长不超过30%，跳槽其实是一件很不划算的事情。如果你从大公司跳槽到小公司，那么你的薪水至少要涨50%才能覆盖住你的成本。

猎头的总结分析使用的思维方法就是成本收益法。一个员工跳槽的成本包括：职业生涯显得破碎、去新公司的适应时间、新公司发展的风险、可能需要学习新技能等等。

而跳槽的收益呢？有薪水的提升，新公司的业务资源等。如果从小公司跳到大公司，你会获得更高的稳定性；反过来，从大公司跳去小公司，你将失去稳定性，并且需要更多的薪资来补偿。权衡好成本和收益，你就能作出清晰的判断了。

那么我们如何使用成本收益法来规划跳槽这件事呢？

在跳槽时，应该清晰地列出自己的成本和收益。除了上文提到的常见的成本收益，还有很多与本行业相关的因素。比如在互联网行业，即便行业第二的公司给你开双倍的薪水，你也不能去，因为它极有可能很快就会被行业第一的公司彻底打败。

厘清所有的成本和收益后，很容易就能做出比较分析。如果成本大于收益，就不应该跳槽。如果成本小于收益，就果敢地把握住机会。

如果前两种思维仍不能帮你做出决定，那么我们还可以利用量化情绪这一思维。通过量化情绪，我们能对人的情绪进行量化处理，衡量情绪的重要性。下面我们就看看这一思维是如何帮助你做出抉择的。

量化情绪

情绪是人的主观感受，看不见摸不着。但是当我们考虑是否应该跳槽时，就必须衡量这个因素的作用，这就涉及量化情绪的问题。

我喜欢互联网公司那种轻松、愉快的工作氛围。但是事与愿违，我曾经效力的一家金融科技公司紧张的工作氛围简直让我无所适从。这家公司非常强调等级，甚至在公司的规章制度中，都明确规定了下级遇到上级必须要主动问好。

同事之间的关系变成了单纯的上下级关系，这种氛围让人觉得紧张且压抑。在电梯里遇到同事，我都会觉得不自然。我不喜欢这样的氛围，它违反了我的价值观。直到现在我都清楚地记得，那段时间每天早上起床后，一想到要去公司上班，心里就有一种压抑的感觉。

很明显，这家公司给我带来了严重的负面情绪。虽然它给我的薪资待遇很不错，但最终，我还是选择了离开。

我发现在这家公司工作，不开心的情绪会随着时间的推移而累积，就连高额薪资都无法弥补这种情绪上的不安，这正是我毅然选择离开的主要原因。

当你纠结自己是否是因为情绪的原因而跳槽或是留下的时候，你就应该认真地评估一下自己的情绪，究竟是正面情绪多还是负面情绪多。也就是说，你要学会衡量负面情绪的比重，从而决定是继续在这家公司还是离开。

首先，我们都知道人的情绪其实很难衡量，不是做任何事情都能把情绪计算得那么清楚。

在面对涉及情绪方面因素的选择时，我们就必须具备量化的思维方式。只有评估出情绪在心中的分量，才能做出更好的判断。

其次，学会仔细观察自己情绪的变化。

为此，我们要学会粗略地评估这些情绪是怎么变化的。是随着时间累积，还是随着时间消退；判断一下，你是否能长期接受这样的情绪。仔细观察分析后，你就能给出自己答案。比如，这种情绪我完全可以包容，不会影响到我对工作的投入。或者，这种负面情绪让我感到太压抑了，已经影响到了我的工作业绩，再这样下去，我不仅没法升职加薪，甚至还有可能患上抑郁症。

这些都是分析很到位的量化思维的结果，有了这些思考，你会更加客观、从容地做出决定。

运用内部价格体系、成本收益法和量化情绪这三个思维方式，能够帮你清晰地衡量是跳槽还是在现在的公司忠诚地干下去。这三个思维方式，对你的职业发展必将大有裨益。

角色离散度：
如何选出适合自己的岗位

大学期间，学院支持学生们开办企业以进行社会实践，校方不仅为我们提供办公室、会议室和餐厅，甚至还为我们提供免费的法律咨询和融资服务。当时，作为学生，我们都没有开公司的经验。所以我作为公司的“创始人”，在各个岗位缺人手的时候，会充当救火队员随时地补充进需要的地方。

在两年多的时间里，我先后在公司的不同岗位进行轮换，做过产品经理、运营专员、市场经理、一线销售、设计师、财务、程序员，甚至还有垃圾清理工。因此，我经常开玩笑说，毕业之前我已经干过10多个工种了。这些尝试给了我很多收获，让我了解了不同岗位之间的差异。

但是大部分像我一样的同龄人，并没有这么丰富的轮岗经验，所以在面对岗位选择时，往往会有这样或那样的困惑。

在职场上，很多人工作几年之后，会有调岗的想法。集团公司有一位女助理，干了不长一段时间，便想调岗到法务部门。

这位女士自身不怎么喜欢助理这个岗位，宁愿在法务岗位从零做起。很多时候，不合适的岗位会让人倍感不适；而合适的岗位会让你感到轻松自如，还能使你创造出更好的业绩。

既然岗位选择如此重要，我们该如何判断什么样的岗位适合自己呢？

一般的考量标准当然是岗位收入水平。当然，除了收入，我们还有很多因素需要考量。

对你而言，在一个岗位工作到底有没有前途，能不能发挥自己的优势？我们应该从哪些方面来考虑这个问题呢？

解决这些问题需要用到财务思维中的三个思维，角色离散度、技能刚性、时间弹性。

首先，角色离散度能让我们知道一个岗位要求员工承担的角色的分散程度。角色越多越杂，则分散程度越高。接下来，我们看看这一思维的具体应用。

角色离散度

几年前，我曾在一家互联网公司从事运营方面的工作。具体工作内容包括：新媒体运营、搜索引擎优化、客服、市场和线下运营。每个方面工作都有一个小组来做，每个小组有2~3名成员，每个小组每天都要处理7~8个问题，我也因此忙得不亦乐乎。

渐渐地，这样的工作让我感觉难以聚焦。我的时间都用在应对各个小组产生的问题上面，而没有时间把每一块工作打磨得更加细致。而且，每天我都会遇到不同层面的问题，这样分散的角色让我焦虑不已。

在这个案例中，我所在岗位的角色离散度就非常高，结果给我带来了很多焦虑。而另一些人却有这样的感受，数十年如一日地做同一件事情，会觉得非常无聊。比如，科研这种工作就需要高度的专注力，很多科学家因为能够耐得住常人无法忍受的寂寞，才最终取得了令人瞩目的科研成果。相反的，案例中运营的岗位角色离散度显然过大。因此我认为，大部分人在从事该工作时都会像我一样有同样的感受。

一个岗位并不是只对应一个角色，它往往会对应几个，甚至更多的角色，这就是角色离散度的本质。

那么，我们应该怎样认识适合自己的角色离散度呢？

首先，要对自我进行客观评估。

我们要明确自己是个什么样的人，是每天都喜欢尝试新角色，还是更愿意数十年如一日地做好一件事情？

这种自我评估要考虑长期性。比如坚持、专注地做一件事，很多人可以坚持一年，但是坚持十年以上就非常困难了。

其次，把心仪岗位的各个角色一一列出来。

比如，程序员的工作只是编程，单一而纯粹；但产品经理的角色就非常多了，他们要了解用户、描述产品设计理念、协调开发进度、管理项目、甚至处理复杂的人际关系等等。将这些工作时需要的角色全部列出来，我们就会对一个岗位有一个全面的认识，然后结合自己的情况，就能选择适合自己的岗位了。

掌握角色离散度后，我们来看看另外一个思维——技能刚性。分析技能刚性，我们能够知道一个技能的门槛水平。某种技能的门槛越高，技能刚性就越强。比如，某些科技公司的首席科学家需要对数学有几十年的研究，才能达到任职要求。而普通公司的销售岗位，几乎培训几天就可以上岗。所以，前者的技能刚性要远远强于后者。

技能刚性

大学期间，我经常到隔壁研究生课堂旁听。一次上的是计量经济学课，这门课程非常艰深，教授也只是做一些宏观上的解释，至于微观上的东西，都需要学生自己去体悟。如果自己想要学明白，就必须一步步地亲自证明所有的公式。而且，教授课程的老师语调平淡且没有任何波澜，学生们听得昏昏欲睡。

突然间，教授停顿了一会儿，摸着自己稀疏的头发感慨道："趁你们有时间，要努力搞明白这些公式！别总觉得以后有的是时间可以弄明白，等你工作以后，会有各种各样的事情，很可能就再也没时间证明这些公式了。"

类似这样的话，计算机课程的教授也曾说过。大意是，大学时应该多练习编程。别把精力都放在练习沟通、组织活动方面。那些能力，毕业后你总会有机会掌握的，但如果大学时学不好编程，以后就再也学不会了。

教授们谆谆教诲的内容，实际上就是技能刚性思维。它指的是技能的门槛水平，技能的门槛越高，则技能刚性越强。上述案例中，有些技能相对好学，比如沟通、组织活动等；而另一些技能则比较难掌握，比如数学公式的证明和编程。我们把这种差别叫作技能刚性差别。

事实上，很多岗位又都非常需要刚性强的技能，比如程序员和财务工作，这些刚性技能的掌握在短时间内是难以实现突破的。类似于编程、数学等刚性的技能，往往需要经过长时间、心无旁骛的学习。所以这就要求我们要针对岗位的刚性技能需求来选择工作。

我们应该梳理清楚各个岗位需要哪些刚性技能。

比如，常见的刚性技能有编程能力、算法设计能力、财务能力、硬件设备设计能力等等。同时，要学会避开那些要求你所不具备的刚性技能的岗位，并且有限选择你已具备了其要求的刚性技能的岗位。

比如，如果你学的是计算机科学，毕业后就可以去做程序员。但如果你没有系统地学习过专业知识就去做程序员，那么为了具备刚性技能，你就必须去一些专业的培训机构学习。

掌握了上述两种思维后，看一个岗位到底有没有前途，还需要从时间弹性角度来具体分析。而时间弹性，就是在一个岗位上，我们可以自由支配时间的程度。接下来，我们看看这一思维的具体应用。

时间弹性

有一个产品负责人在一家公司工作，这家公司对这个岗位的考勤要求非常严格，哪怕迟到一分钟，月末都会扣工资。为了不被扣钱，他每天早上很早就从家里出发，但是这家公司晚上又会经常加班，有的时候甚至是周末还要加班。如果一个员工没有得到很好的休息，就没有充沛的精力工作。

一段时间后，这位产品负责人发现他以前养成的好习惯都丢了。在忙碌的工作之余，他几乎没有一点时间学习，连每天晚上读书的好习惯都不得不放弃了。

更可怕的是，这种严格的时间规定甚至影响到了他的工作效率。当他身体疲惫的时候，也得不到充分的休息，还得拼了命地往前冲。虽然看起来是很努力，但是他自己最清楚，他的决策失误率越来越高，已经没有好的状态迎接工作上的挑战。

很明显，案例中产品负责人的这个岗位的时间弹性并不适合他。这个岗位的时间弹性小，当事人几乎没有什么可支配的时间。千万别小看这些看似碎片化存在的时间，如果你善于利用，即使每天一小时，积少成多，也许一年下来你就能实现自我提升。只要坚持下去，往往能创造巨大的价值。

既然可支配的时间如此重要，我们就应该针对岗位的时间弹性来选择适合自己的岗位。

首先，要清楚自己是适合工作时间弹性大的岗位，还是严格执行考勤制度的岗位。

大多数情况下，时间弹性越高的岗位越受欢迎。当然，也会因人而异。

我有一个朋友，非常喜欢那种严格规定工作时间的公司。为什么呢？因为他觉得自己在公司还能出成果，回家后却很难自律，经常做一些没有价值的事情白白浪费了时间。而我却喜欢时间自由度大一点的岗位，因为这样能够有充足时间持续学习。既然我们每个人的特点各不相同，那么只要找到适合自己的就可以了。

其次，如果你选择了销售、商务和管理这类时间弹性较大的岗位，就应该学会合理安排时间，在做好本职工作的基础上努力提升自己。千万别把那些能自由安排的时间白白地给浪费掉。

学会角色离散度、技能刚性、时间弹性这三个思维方式，能够有效地帮助我们认知岗位，找到最适合自己的岗位。

规模经济：
理解工作的局限，合理规划人生

毕业后，我进入了当时炙手可热的金融科技行业，机缘巧合下成为了公司的二把手，这一行业的人才极为匮乏，我算是同龄人中的佼佼者，工资水平也领先于很多同龄人。但是每次换工作时，也会引发尴尬。

有一次，经猎头撮合，某家喻户晓的电商企业邀请我去面试。面试官是这家企业核心部门的总监。打车到半路时，我发消息问了下猎头，面试我的这位总监收入水平大致如何。对方的回答让我大吃一惊。原来，面试官是一位40多岁的中年人，工资比我这个初出茅庐的年轻人还低。我立刻让出租车师傅掉头，直接拒绝了此次面试。

我告诉猎头："一个35岁左右的人，收入水平还不如一个刚出道的年轻人，他的自身肯定存在一些缺陷。"不过猎头却说："在我这个年龄，工资已经到顶了，很难再有提升。"

猎头说的没错，之后很多和我聊过的大公司，都难以给出

更高的工资，理由是会破坏公司的薪酬体系。我并没有因此感到遗憾，而是深刻体悟到了职场的局限，并寻找了职场之外的突破方向。

对于绝大多数职场中的岗位薪资，能达到中产收入水平，就已经是极限了。所以，我们只有越早地意识到职场存在的局限，才能越早地转向新的方向。

为什么职场会存在这样的局限呢？这种局限的天花板到底从何而来？

其实，每一种商业模式都有自己的上限。就工作而言，其商业模式的本质是——售卖自己的时间给公司。这样的模式会导致一系列的局限。那么，我们应该从哪些方面来认识工作中的局限呢？

认识工作中的局限，我们需要使用财务思维中的三个思维方式：资产贬值、规模经济、收入流。

首先是资产贬值，这一思维会让我们知道在某些情况下，资产的价值会随着时间的推移而越来越低。作为劳动力资产的我们，最终的价值都会归零，它的最终体现即是退休。下面我们来看看这一思维具体是如何帮我们分析工作中的局限性的。

资产贬值

大学创业时，我几乎做过互联网公司里的所有岗位的工作。

毕业之后，我的工作主要集中在互联网公司的产品和运营这两块。可是工作几年后我发现，在北京的同行中，这两个岗位几乎看不到35岁以上的人。

35岁以上的人都去了哪儿呢？他们中的大部分都被淘汰了，只有少部分进入了管理层。通过他们，我看到了自己的未来。如果在这个赛道一直干下去，即便我现在还很年轻，很有冲劲，但是到了35岁左右，也会快速贬值。

如果将自身视为劳动力资产，互联网公司的产品和运营岗位人员在35岁之后，劳动力资产便会大幅贬值。

长期来看，每个人到退休时，资产都会贬值清零。只不过，每个人贬值的阶段不一样。有的职业30岁时就开始贬值，比如程序员；有的50岁之后才开始贬值，比如律师、咨询师等。还有很多蓝领工作，贬值速度会更快，很多工种到30多岁后便会因为体力跟不上就干不动了。劳动力资产贬值现象，便是职场工作的局限之一。

那么我们该如何应对随着年龄增长而不可避免的自我贬值呢？

在这里为大家介绍包括职场内部和职场之外的两种方法。在本书之后的章节中，我会详细地介绍职场之外的方法。那么如何在职场内部来应对解决呢？其实，有些行业工作劳动力资产会贬值得非常快，但是有些行业工作会贬值得较慢，甚至会随着年龄增长，出现阶段性的越来越值钱的情况，比如医生、工匠、作家和律师等。因为这些行业的工作者会随着时间的累积，经验会越来越丰富，到了后期便会变得越来越有价值。

以我自己为例，当我发现自己在职场中会贬值时，我首先想的是如何利用之前的经历使自己越老越值钱。最终，我想到了风险投资。

在风投行业，人才的价值会随着投资案例和经验的积累，而变得更加值钱。很多明星投资人，比如徐小平老师这种级别的，年纪都在四五十岁以上。这就更加坚定了我加入风险投资行业的决心。

需要注意的是，资产贬值较慢的行业，不仅仅有医生、律师、风投这些听起来“高大上”的行业，还有很多贴近生活的工作都有这样的特点。比如媒体上报道过的日本“煮饭仙人”，几十年如一日地琢磨如何把米饭煮得更好吃。老先生琢磨了一辈子，钻研了一辈子，随着年岁增长，煮饭的水平却越高，口碑也越好。

学会使用资产贬值这一思维分析之后，我们还应该了解规模经济这一思维。分析规模经济，我们会明白很多业务的规模往往是越大越有优势，通常体现为大企业占领市场。这一思维也能够帮我们找到工作中的天花板。

规模经济

2019年春节前，一位出版策划人和我谈业务，得知我有写作的习惯，并且在一些垂直投资社区里有不错的口碑。他认为，我的思考对当下的年轻人很有帮助，可以通过线上课程和图书出版的方式，把我的思想分享给大家。最终我答应了他的合作。我既然是做风险投资的，为什么不好好做业务，又跑去讲课呢？

因为我深刻地明白，工作就是出售自己的时间。而我的时间是一天24个小时，除去吃饭、睡觉，一天最多也就工作12个小时左右。那么我能否扩大规模呢？不能，我永远无法做到一天出售25个小时。

既然难以形成规模经济，那么注定无法让工作这件事通过扩大规模来使我们获得更多的收入。试想一下，你每天工作8个小时，就算有极度勤奋之人，每天工作16个小时，也只是你的两倍而已，再想扩大规模——完全不可能的事情。人总归是要休息的——这种规模上的限制，也是职场工作的局限之一。

出版策划人说的线上课程和图书出版的商业模式，则打破了这种职场局限。一个课程可以触达一个人、一百个人、一万个人甚至一千万人。这便是很明显的规模经济，只要做得好，就能形成很大的规模。

认识了职场工作的局限，又该怎么做才能摆脱这种局限，形成自己的规模经济呢？

首先，应在职场之外，开启自己的副业。这部分的内容，会在后面章节中具体阐述。

其次，通过投资的方式，来形成自己的规模经济。这部分的内容，在后面的章节也会一一阐述。

想要突破职场规模经济的限制，就必须通过职场之外的手段实现，而副业和投资就是两个最有效的手段。

因此这也就引出第三个思维——收入流。收入流很容易理解，即我们把每一份收入想象成一股收入流。比如你的工资和余额宝利息就是两股收入流。接下来我们看看收入流是如何影响我们的工作和生活的。

收入流

有一个往瓶中放石块的寓言，几乎所有人都听过。如果要把石块、弹珠、沙子和水尽可能多地放进一个瓶子里，应该怎么放呢？首先放石块，再放弹珠，然后放沙子，最后放水。石块和弹珠占据了瓶中大部分的空间，沙子和水则填满了石块和弹珠之间的空隙。

很多老师会用这个故事来讲解时间管理的问题。我们在统筹时间时，应该先完成需要大块时间的事情，再见缝插针地穿插进其他事情。

这次我们换个角度，从收入流的角度来解读这个寓言。假设瓶子是你的时间，能放进去的东西是你的收入流。

对于绝大部分人来说，唯一能装进去的收入流就是工资，这是我们最大的一块收入，就像石块一样。但石块能占据的空间很有限，石块之间的很多空隙则被白白地浪费了。除了工资，你还能不能把其他收入也装进去，尽可能多地塞满瓶子呢？

比如理财的利息收入；买房并出租后，获得的房租收入；各种合法、安全的副业收入。这些都是工资之外的收入流，你都可以放到瓶子里，来增加你的收入总和。

这样做，虽然瓶子的容积并没有扩大，但利用碎片时间，你的收入总和却增多了。这是很多人都没有意识到的工资之外的收入流。其实，这些收入流有时比工资都更加重要，它们能使你的生活变得更加富足。单纯依赖职场收入，最大的弊端就是收入流单一。其实，瓶子里的空间还没有放满，依然有更大的空间等待被发掘。

然而，每一个收入流都存在不稳定性。在市场经济中，仅仅依靠工资收入会存在很大的风险。2018年底，互联网行业的裁员造成了很多从业者生活困难，这便是单一收入流造成的局限。

那么我们应该如何增加自己的收入流呢?

在后文，我会用整章的篇幅来告诉你增加收入流的好办法。

另外，虽说增加自己的收入流也是刚需，但你必须合理安排自己的时间，不能影响自己的本职工作，否则很可能会得不偿失。

运用资产贬值、规模经济、收入流这三个思维，能够帮你分析自己工作的天花板；了解自己所在的行业，最成功之人的收入水平大概是多少；又是什么阻止了他们收入的增加。可以说，深入理解这三个思维，我们就能理解工作的局限之处，并且为自己全新的突破埋下种子。

第三章

重新定义你的工作和生活

RENSHENGJINGJIXUE

RENREN YONGDESHANG DE CAIWU SIWEIKE

人生经济学：

人人都用得上的财务思维课

营业外收入：身边“不专心”的同事，可能才是赢家

由于工作原因，我接触过近千家企业。我发现，大多数企业里一般都有两种员工。

一种是兢兢业业型的员工。领导交代的事情，他们会加倍努力，能做到事事有结果、件件有回音。下班之后，公司里点灯加班的人，大多属于此类员工。

这类员工大多是企业表扬的对象。我曾参加过一个大集团的年会，在表彰环节，优秀员工在台上激情演讲，分享自己的业绩，感谢公司和领导；领导们讲话时，也会激情昂扬地赞扬他们，希望全体员工都以他们为榜样，多多创造业绩。

另一类员工则截然不同。他们坐在台下，自顾自地默默刷着手机，对台上的表彰毫不在意，好像这些表扬和荣誉与他们毫无瓜葛。再丰厚的奖励，也激不起他们丝毫的兴趣。

表面看来，这类得不到公司表扬的员工似乎不够优秀。但是，他们的实际收入可能要比台上的优秀员工高出好几倍！这

就是传说中的“斜杠青年”。

“斜杠青年”现象是当下非常普遍的一种社会现象。混迹职场几年之后，他们逐渐成为职场“老油条”，都有自己或明或暗的赚钱路子，而且往往秘而不宣。“斜杠业务”带来的收入，甚至能超过他们的本职工作收入。

为此，我将带来财务思维中的三种思维：冰山效应、营业外收入和斜杠青年。通过这三种思维，我们就能真正揭开职场斜杠青年的秘密。

首先，我们聊聊冰山效应。冰山效应会让我们明白，事情往往没有表面看上去的那么简单，很多看似简单的结果，其实背后都藏着庞大而复杂的动作系统。

冰山效应

多年之前，我刚刚毕业进入互联网行业，在北京东城区上班。为了方便工作，我把住处选在公司附近。每天早上我准时去公司打卡上班，下班后去附近的面馆吃一碗面，然后回到住处继续工作到12点，有时甚至还会到凌晨三四点，并一直如此。

多年之后，每当我回想起那时的我，我觉得自己依然算得上最勤奋的年轻人之一。

那时我经常一个人干好几个人的活儿，有时我也不禁会想：为什么我能比其他人做更多的工作呢？难道是我的能力比那些工作多年的资深人士还要强吗？这显然是不可能的。

其实，职场就如冰山，水面之上只露出冰山一角，而水面之下的部分往往并没有表面看起来的那么简单。原因其实很简单，那就是很多能人都在职场之外经营着一些业务。隔壁李总，利用工作闲暇炒股；楼上张总，在海南投资地皮；运营部孙总，利用自己的广告媒体资源，帮朋友介绍了很多业务；就连公司的前台，也在给楼里的健身房引导客流，从而挣到一笔可观的客户推荐费。

我终于明白，为何那时我在工作上总是显得比别人优秀——我用尽全力地工作，而别人只用了一部分时间，其他都用于自己的“斜杠系统”。这个系统隐秘而且庞大，那些受表扬的优秀员工是永远也看不到的。至此，你应该已经明白，那些坐在台下刷手机的员工，可能并非是在刷朋友圈、玩游戏，他们可能正在经营自己的斜杠业务呢。

那么，我们应该怎样认识水面之下那庞大如冰山一般的斜杠业务呢？

首先，在意识到斜杠业务的存在之后，要用心观察。绝大多数人并没有这种意识，若是你能意识到水面之下存在的冰山，相比一般人就已经具备了一定的优势。

其次，多与比自己年纪大且有资历的前辈沟通。在斜杠业务方面，前辈往往拥有更多的实践经验和从业心得，如果你有幸得到他们的提点，你定能在这一方面突飞猛进。

最后，需要特别提醒的是，作为年轻人，在对水面之下的“冰山”心怀向往之时，必须保证将本职工作做好，这是一位职场人最基本的职业操守。

说完冰山效应，我们再来说说营业外收入。营业外收入有助于我们理解主营业务之外的收入问题。

营业外收入

我曾在一家集团公司就职，高管们都很低调，即使身家过亿，开的车也不会太奢侈，至多是宝马、奔驰、奥迪之类的车。有一天，写字楼下的停车场突然出现一辆豪华的保时捷跑车，顿时成为整个停车场里最显眼的一辆车。大家纷纷议论：这么高调的跑车，是哪位高管的呢？

讨论了一整天，大家最后才发现，跑车并非某位高管所有，而是属于边缘部门里一个平时毫不起眼的女孩的，很多人甚至都不知道她具体负责什么业务。大家议论纷纷：一个小女孩，也不是富二代，哪来这么多的钱购买豪车？

原来，她利用业余时间，投资了很多另类的加密资产项目，又恰好赶上牛市，结果获得了上百倍的收益，收入甚至超过了某些高管。

一次，我和一位领导单独吃饭，当时他喝了点儿酒，酒后与我道出一句实话："自己一个大男人，人到中年，混得还不如一个小女孩！"我听后也是感慨万千。

营业外收入，顾名思义，就是指主营业务之外获得的收入。我们走进职场，向公司出售我们的时间，这份工作是我们的主营业务；上班之外，我们利用自己的业余时间获得收入，这是营业外收入。上面故事中的女孩，通过投资获得的本职收入之外的收入，就是典型的营业外收入。

值得强调的是，关于营业外收入，我并非一味地持鼓励态度，而是借此为大家寻求职场之外的突破而指明方向。

那么，我们应该怎样开拓自己的营业外收入呢？

首先，我们应该主动观察和分析自己身边的职场资深人士，看看他们都有哪些营业外收入。你们的资源大致类似，他们的经验对你最具借鉴意义。

其次，我们需要将各种可能的营业外收入进行分门别类，然后从中挑出最适合自己的。比如，有的人适合做投资，而有的人难以承受投资风险，那么利用业余时间从事能与自身优势相匹配的兼职就是最合适的。

除了以上两种思维以外，我们再来说说斜杠青年。深刻理解斜杠青年这一概念后，我们便能理解那些不满足于专一职业的生活方式，而选择多重身份、多元生活的人。

斜杠青年

一位大学教授在教书之余，会研究房地产并通过微博撰写文章，为网友普及房地产投资知识。这位教授涨粉很快，当他的粉丝累积到近100万时，他开办了房地产投资培训班。

大量粉丝报名参加了这个费用不菲的培训班，并得到了有益的帮助和可观的收益。此后，一些学员在投资之前都要咨询教授，希望他推荐好的投资标的。于是，教授又开始涉足新房分销业务，足迹遍布全国各地，甚至走向海外。不计其数的投资者受益于教授分享的投资理念，教授自己也获得了丰厚的回报。

上述例子中，在教授涉足的诸多业务中，除了在大学教书的工作外，都属于“斜杠业务”。

“斜杠”一词来自英文单词slash。该单词指的是标点符号中的斜线。行文中，它可以用来隔开一个人的多重身份，现在被人们用于指代一种不满足“专一职业”而选择多重身份的生活方式。

“斜杠青年”一词有两个关键点：

一是“斜杠”，它并非指一个人追求多种不同的生活方式、拥有多个不同的身份，而是强调多种生活方式、多重身份背后带来的多重收入。正是因为能够获得多重收入，我们才愿意扮演并接纳自己的多重身份。

二是“青年”，为什么是青年，而不是中年、老年呢？因为年轻人处在财富累积的初级阶段，主观上有着非常强烈的财富追求的需求，而斜杠青年的生活方式恰恰能满足青年人的这一需求。

拥有多重收入，是成为斜杠青年的必要条件。上述例子中，教授的身份首先是大学教授，其次是微博“网红”，再次是培训班老师及其组织者，最后是房地产分销商。也就是说，教授拥有四重收入：大学教授的工资、微博的广告收入、开培训班的学费收入、房地产分销的佣金。他充分挖掘自身潜能，以多重身份塑造多股营业外收入，成为名副其实的“斜杠青年”。

作为年轻人，我们应该怎样获取多重收入呢？

答案是：梳理各种类型的斜杠业务，了解了这些斜杠业务之后，你便能从中选择适合你的优质业务，创造属于自己的多重现金流，做一个充实且快乐的斜杠青年。

掌握了冰山效应、营业外收入和斜杠青年这三种思维，相信你对斜杠业务已有了一定的了解。关于如何选取优质的斜杠业务详见下个小节。

三种斜杠业务，翻倍你的副业收入

我曾在一个专业的投资社区发表过这样一个观点，引得众多网友们的讨论和追问。我的观点是：对于投资者而言，频繁的短线投资操作其实回报很低。虽说操作量是上去了，但是精准度会下降，综合收益反而不高，这种短线操作远不如在一些重要行业做一些副业的效率高。我所认为的“副业”便是斜杠业务。

此言一出，网友们纷纷留言追问，希望我说说哪些是效率高的业务，甚至还有人找到我很久以前建的微信群，向我咨询斜杠业务。

当今社会斜杠业务不胜枚举，但是真正优质的斜杠业务却屈指可数。那么，究竟何为优质的斜杠业务？分为哪几类？为何这些斜杠业务要比其他业务更为优质？

虚拟资产、信息中介、甲方业务——这三种财务思维能够帮我们回答上述问题。通过分析这三种思维，我们可以建立一个分析优质斜杠业务的基本框架。

建立分析优质斜杠业务基本框架的首要要素是虚拟资产概念。虚拟资产与实体经济中的资产相对应，是存在于虚拟经济中的资产。比如某大型网游中的“屠龙宝刀”，整部服务器只有几把，这便是虚拟资产。而你家的小汽车，则是真实世界中存在的实体资产。

虚拟资产

2015年，我在一家互联网公司就职。当年域名售卖正处在牛市的阶段，老板在高点将许多优质域名出售，赚了数百万元。虽然我早就听闻老板有购买域名的爱好，但是并未留心，觉得这不过是他的一个爱好罢了。

后来，公司来了一个“90后”的小伙子，当他得知老板利用域名赚钱的事之后，也一头扎了进去，潜心研究。小伙子极具钻研精神，利用表格将自己感兴趣的域名的交易记录全部保存下来，然后琢磨其中的规律，并尝试着买入卖出。在短短的半年时间，他就赚了几十万元。

这件事情令我印象非常深刻。同样听说老板从事域名投资的事情，我却没有采取任何行动，而“90后”小伙子则以敏锐的觉察挣得了人生的第一桶金。当然，这件事也让我明白，通过虚拟资产交易，确实能够赚到真金白银。

在此我想表达的观点是，虚拟资产的斜杠业务比实体资产的业务更具优势。原因就在于，虚拟资产不涉及物流、仓储等环节工作，而且交易的各个环节工作都能在线上完成。一个人就能批量操作，非常适合作为副业。

当然，在参与虚拟资产的斜杠业务工作之前，我们必须扎实地掌握与虚拟资产相关的知识。

首先，至少要精通其中一类虚拟资产的知识。

例如，域名这类虚拟资产是伴随着互联网经济的兴起而兴起的，其价值在于，域名是网络服务的标识和入口，具有唯一性和不可替代性，因此，虽然每个域名看不见、摸不着，却极具独特的价值。当然，你也可以学习其他类型的虚拟资产知识，比如煤炭交易积分、大宗商品期权等。

其次，我们必须弄清以下两个问题：与自己心仪的虚拟资产相关的斜杠业务有哪些？自己最适合做其中哪个环节的业务？

虚拟资产是一个全新的世界，你了解得越多，就越会为之着迷。

建立分析优质斜杠业务的基本框架的第二个要素是信息中介。信息中介就是是买方和卖方之间居中撮合的机构。比如你背井离乡地来到大城市，租房子时遇到的房产中介，便是信息中介的一种。

信息中介

我刚参加工作那会儿，公司里有个不起眼的小女孩。她坐在一个角落的工位上，是隔壁项目组的商务人员，平时很少说话，显得十分低调。后来她与同一个办公室的小伙伴慢慢混熟，经常一起出去吃饭，我才对她多了一些了解。

原来，她除了正常工作，还兼职做信贷业务，重点方向是大额信贷。她对接了几个上游大公司的信贷产品，每天搭乘网约车上班，车上向司机推销业务，并以分润的方式让司机为自己介绍客户。

通过这种方式，她逐渐建立了属于自己的客户网络，每月都能成交一两单，赚取上万元的服务收入。

例子中小女孩的斜杠业务就是以信息中介的方式实现的。由于贷款方和借款方并不知道彼此的信息，而她则恰好利用信息撮合双方交易，因此也获得了可观的佣金。

可见，信息中介业务的核心便是信息，只要能够提供最稀缺、最关键的信息服务，就能获得超额的收益。

既然如此，我们应该怎么围绕它开展自己的斜杠业务呢？

首先，从自己当前的行业入手。观察行业里是否存在信息不对称的地方，只要不对称情况存在，信息中介便有价值，有适合生存的土壤。

假设我是一个做水果生意的小贩，我迫切想要获得的信息就是——哪里能够批发到质量优质并且更加优惠的水果。如果你能满足我的信息需求，你便能够从我这里赚取佣金。

其次，利用信息优势撮合交易。

例如，大家都知道，泰国香蕉质优价廉。你有亲戚在泰国，能够掌握一手的批发渠道信息。于是，你找到做水果生意的我，我从你手中批发泰国香蕉，大大降低了成本，在交易的过程中，你便可以留出自己的利润空间。这便是最为简单的信息中介的业务模式，非常适合有条件、有资源的年轻人。

建立分析优质斜杠业务的基本框架的第三个要素是甲方业务。甲方是业务合作中提出目标、处于主导地位的一方。通常，甲方是合作中强势的一方。如果你是一位保险推销员，就得四处寻找客户，那么你就是弱势方；如果你做天使投资，有无数人排着队找你要钱，那么你就是强势的甲方。

甲方业务

在互联网行业，任何项目都需要流量。而流量资源又非常有限，很多创业公司的产品在上线初期，往往很难直接获得自己的用户，这时该怎么办呢？靠运营来导流就是一个好办法。由于运营和导流需要专业的实战操作经验和丰富的市场经验，因此流量被视为互联网公司的重要资产。

我认识一位大姐，她掌握大量的微信公众号资源，拥有数百万的忠实粉丝，并且有几十人的专业团队进行公众号的日常维护和更新。互联网公司的项目想要迅速实现销售，都会向这位大姐寻求合作，利用她的资源导流用户，实现转化。这就是微信公众号的金融流量。

随着微信公众号金融流量价值的逐步提升，微信公众号的流量价格也水涨船高，如今这位大姐早已身家上亿。

上述故事中，大姐之所以能够靠金融流量致富，是因为她做的是甲方业务。

作为提出目标、处于主导地位的一方，甲方通常是强势方，占有许多得天独厚的优势。甲方能够更快地积累资源，甲方业务的特点是不缺客户。因此，成为甲方之后，更适合开展斜杠业务。

金融流量业务之所以是甲方业务，是因为金融流量十分稀缺，每个用户的客源单价高，能够创造高收益。加之市场上有效的金融流量平台数量非常有限，致使项目方只能以高价合作。

那么，我们应该如何围绕甲方业务，开展自己的斜杠业务呢？

首先，观察自己所属的行业，看看哪些资源是核心的稀缺资源。

例如，在北京想要取得幼儿园的经营资质非常困难，如能拿到资质，成功开办幼儿园，通常不会为生源而发愁，哪怕学费收得很高——在这里经营资质就是核心的稀缺资源。

其次，围绕核心的稀缺资源，分析自己能够从事哪些业务。

如果有人想开幼儿园，又不了解办园资质的申请手续，而你对此非常熟悉，便可以对接这个业务，替他申请手续。一旦成为处理这项业务的高手，你也不会缺客户。

在掌握虚拟资产、信息中介、甲方业务这三种财务思维之后，你找到属于自己的优质的斜杠业务了吗？

复利人生：
资源和时间的多维度变现

初入职场，我注意到身边的一位同事——一个标准的理科男。此人有一特点，他对于上市公司的资本运作如数家珍，上市公司抵押了多少股票、找了哪家券商、融了多少钱、买了哪些标的，他都一清二楚。除此之外，他还喜欢背诵一些创业项目的经营数据，颇有用数字描述世界的味道。对他这种超强的记忆力，同事们无不赞叹。

领导们却不以为然。他离职后，有位领导评价说，这人看问题太执着于细节而流于表面，看似细致入微，实则格局较浅，难以看透事情的本质。

我恍然大悟：对数据过目不忘固然厉害，但是看透事物本质显然更为重要。

对于斜杠青年的认识，我们也要报以这种态度。斜杠不仅关乎我们的生活方式，而且也关系到我们的收入。只有看清斜杠的本质，才能更有效地做斜杠青年，更容易地增加收入。那么，斜杠青年的本质又是什么呢?

微跨界、资源变现、单位时间效率——这三种思维可以帮助我们把握斜杠青年的本质。

理解了这三种思维，你就能充分认清斜杠青年的本质。

首先须理解微跨界，它让我们懂得如何将本行业的资源充分利用起来。在互联网时代，特别是移动互联网广泛普及的今天，各个行业能够非常方便地发生连接。微跨界就是通过整合、融合的方式，将我们自身的资源与多种跨行业的潜在合作方充分连接起来，灵活搭配使用。

微跨界

初入风险投资行业时，发现行业里有个非常普遍的现象——很多投资人私下里会兼顾做投资顾问业务。他们先把某个项目交给自己服务的基金业务人员，如果老板不投，就转手交给同行。

兼做这种业务的人不在少数，其实不难理解。投资人的本职工作就是给基金寻找投资标的。如果将顺序对调，帮助投资标的寻找资金方，那就是投资顾问业务，这便是一种微跨界思维。在风险投资行业，微跨界非常容易实现。

当时一个前辈说，2013—2015年是移动互联网投资业务的爆发期，投资人通过投资顾问业务，一年之内便能赚到数百万元，在北京买房的比比皆是。

微跨界是一种将本行业里的资源充分利用起来的跨界方式，做风投时积累的同行人脉和项目方资源，能够完美地在投资顾问业务中重复利用。

不过需要注意的是，斜杠并不等于盲目的兼职。想要成为一个出色的斜杠青年，必须是将自己本职工作积累的资源与新的业务充分对接，实现精准的微跨界。这就要求我们必须重复利用资源。而出色的斜杠业务的完成，大都是靠精准的微跨界实现的。

那么，我们怎样才能做到精准地微跨界呢?

首先，需要在本行业中广泛地积累资源，并拓展新的业务。

每个行业都能积累独特的资源，比如投资行业，积累的是投资人同行和下游项目方的资源。我们应当努力去发现它们所在行业里的独特资源，并牢牢地掌握在自己的手中。

如果你是一位数码产品销售员，工作中会积累很多货源和客户资源，就要运用各种方式充分利用这些资源，比如提供数码产品维修售后服务，既能维护好自己与客户的关系，巩固做好本职工作，又能增加额外收入，盘活手中资源，这就属于精准的微跨界。

其次，不要做不能重复利用资源的兼职。

年轻人有梦想、有精力，想做很多事。可是很多人却容易走弯路，例如有人同时兼职教师、摄影师和数据研究助理，却不知这些兼职的资源无法互用，所以只是凌乱的兼职，而不是有精准规划的斜杠业务。

认清斜杠青年的本质需理解资源变现的概念，它让我们知道如何将自己拥有的客户、渠道、供应商等资源充分转化，通过对接合作获得资源变现。

资源变现

我有一位朋友在信贷公司做渠道经理。虽然已经大学毕业多年，但是他一直规规矩矩地拿着不高不低的工资，而其他同学都已逐渐在各行各业崭露头角，有的甚至升职为高级经理或者总监。

对此我颇为纳闷，后来终于明白，原来，渠道经理能够接触到全国各地的信贷员，便逐渐形成了一个个圈子。他利用自己的职业优势，建立了数百个微信群，覆盖了几百座城市的上万个信贷员，成为这些信贷员之间的桥梁，帮助他们撮合甩单。

何为甩单？例如，信贷员A手里有个客户想做房贷，但是A只做车贷，于是A将客户转给专做房贷的信贷员B，这种行为就叫甩单。如果A并不认识B，那怎么办呢？此时，我这位朋友就能作为中介发挥作用。每成功对接一笔甩单，他便能挣到一笔中介费，虽然渠道经理的收入不是很高，但是潜在收益却非常可观。

上述故事中，朋友通过撮合信贷员之间交易的甩单行为挣取佣金，整个过程就是把资源变成钱的过程，俗称资源变现。

那么，我们应该怎么将自己手中的资源变现呢？

首先，思考自己手中的资源为谁所需。梳理自己掌握的人脉，看看人脉中各人之间可能存在哪些需求和供给关系，它们之间能否互相对应满足。

其次，想方设法在工作中匹配这些供应和需求。只要匹配成功，就能创造新的交易，便能从中赚取收入。

需要强调的是，寻找新的供需匹配，需要创造性思维，创造别人实现不了的匹配关系，这样资源变现往往才能最大化。

认清斜杠青年的本质需理解单位时间效率，它让我们知道在一定时间内从事生产或服务，能够产生多少劳动价值。我们产生的劳动价值越多，单位时间效率就越高。

单位时间效率

从事投资行业后，我养成了一个习惯：每到周末都会将本周遇到的新项目，以及对人、对事、对行业的思考做一个总结，并将它们写下来，每周都会有四五千字。时间久了，每周写总结成了我工作的一部分。

朋友们知道我这一习惯后，建议我将文字发表，这样不仅能够帮助更多的人，而且我个人也能获得一些收益。受此启发，我陆续将过去写的文章发表到各大自媒体平台，逐渐积累了近10万的粉丝。有的大学生还将我的文字手抄下来学习，这让我十分感动；很多读者看完我的分享之后也会打赏，让我获得了一定的收益。

这样一来，写作反而成了我的斜杠业务。原本我只是利用周末写写工作总结，可是当我把这些总结稍加润色、修改，然后在各大自媒体平台发表时，在几乎没有额外增加时间投入的情况下，我创造了更多的价值。换言之，我的单位时间效率提升了。同时，写这些总结的过程，也更有助于我更好地完成本职工作。沿着这一思路可以得出一个结论：优质的斜杠业务的标准，就是能提高单位时间效率。因此我不太赞成年轻人把业余时间都用于打零工，因为凌乱的兼职只会降低单位时间效率。

那么，我们应该怎样提升自己的单位时间效率呢?

简单地说，提升单位时间效率有两个途径：一是充分利用自己的空闲时间，让自己的时间变得更加饱和。比如，我把周末的空闲时间用来写作；二是将单位时间里产生的劳动成果多次售卖。比如，我写的文字可以同时满足数万读者的需求。

能够充分利用我们的空闲时间，又能将劳动成果多次售卖，这种斜杠业务就是优质的斜杠业务。

掌握微跨界、资源变现、单位时间效率这三种思维之后，你是否已经把握了斜杠青年的本质呢？

组织、渠道和连接：通过工作参与社会分工和分配

2016年，我注意到北京大兴国际机场建设规划的新闻。这座新机场的定位是全球最大的机场，是联结北京和世界的重要枢纽。未来，国内外领导人将主要通过大兴国际机场出入北京。由于看好机场所在地的发展，我决定在北京南边靠近大兴国际机场的地方购置一套房子。

买下房子的当月，房价便狂涨10万元，远远高于当时我的工资的上涨速度。房子升值，我无须付出任何额外的努力，但是想要工资上涨，我必须加倍努力工作才行。而每天走进公司，我不得不面对领导的脾气、办公室政治、烦琐的工作等一系列无法避免的问题。我不禁反思：工作的目的到底是什么？我为什么要忍受这么多负面的东西，却挣着远远赶不上房价上涨速度的工资呢？

工作是以获得报酬为前提的，是参与社会分工的一种方式。而报酬则是我们出售时间换来的货币报偿，并非工作的终极目

的。我们将通过财务思维中的组织边界、资源渠道、连接中枢这三种思维，更好地认识工作的终极目的。

何为组织边界？它能帮助我们理解社会资源的边界和组织方式。所谓组织，可以是学校、社会团体、公司等，此处我们主要探讨公司的边界。作为一个员工，你是腾讯的员工还是华为的员工，从传统的角度来看，是有明显区别的。你是否与公司签了劳动合同、你的信息是否被企业人事登记在册等，都是传统的公司边界的问题。

组织边界

业内一位前辈在北京一家金融科技公司就职，这家公司同时还对外承接技术外包业务，服务的是杭州的一家企业。因此，前辈常年往返于北京和杭州两地，既给北京公司打工，也承接杭州公司外包的活儿。当然，他的收入也有两份，一份是北京公司发的工资，另一份是杭州公司发的业务提成。两份收入几乎相差无几。

他曾对我说，他自己都说不清到底是在北京公司上班，还是在杭州公司上班。从劳动合同上看，他属于北京公司。可是从收入、业务和同事关系上看，杭州公司和他更为紧密地绑在了一起。

显而易见，前辈所在的组织边界是模糊的。

传统的公司边界常见的是劳动合同中建立的雇佣关系构成的边界。在雇佣关系内，你就属于组织；反之，你就在组织之外。然而如今，这种边界正在逐步淡化。

一方面，在互联网时代，连接要比以往更加容易，企业与个人之间，都存在雇佣关系之外的订单。

另一方面，原本的雇佣关系其实并不牢靠。很多企业和员工都以较低的薪水作为代价建立劳动关系，致使雇佣关系比上下游的合作关系还要松散和不稳定。因此，目前的现状就是公司的边界正在逐步淡化，变得更加模糊且多元化。

那么，公司边界变得模糊与我们个人又有什么关系呢？

问题就在于，围绕着公司不仅存在雇佣关系，而且还会有其他业务往来。例如，北京不少互联网公司会将设计师的工作外包出去，而那些接活的设计师从来都不是该公司的员工，却实实在在地获得了收益。这就是边界模糊带来的结果。

何为资源渠道？它能帮助我们理解获取资源的效率差异。顾名思义，资源渠道即为获取资源所需的渠道。有了渠道，我们才能更高效地获取资源。

资源渠道

我在创业初期，为了融资，花费了很多时间邀约投资人。

由于风险投资人普遍较忙，因此我获得投资人接见的机会非常难得，时间也非常有限。为了寻找投资人考虑参与我的项目，我尝试过各种方法，例如请居间的朋友吃饭、请同校的学长或学姐帮忙等等。

认识靠谱的投资人，对于创业者来说实在是太难了。曾有一次，一位同样是自主创业的朋友给我介绍了五位投资人。后来，我才有机会进入风险投资行业，积极参加各种行业聚会，前往大学参加讲座，建立各类微信群，建起了自己的投资人圈子。如今，即便我足不出户，每天也会有投资人通过社交网络找到我，希望与我交流行业信息、互换资源。

从创业初期想方设法求见投资人，到现今投资人主动找我合作，这种飞跃性的变化与我加入了一家风险投资机构的关系密不可分。为何我进入投资公司后，认识投资人这件事的效率会发生如此翻天覆地的变化呢？因为投资公司成了我的资源渠道，利用公司的品牌及其赋予我的投资人的身份，我才能轻松地认识大量同行。

那么，我们怎么才能利用好公司的资源渠道呢？

首先，我们要明确自己的资源需求。

工作一段时间之后，我们就会发现，特定的行业往往急需某些特定的资源。比如你在招聘行业时日久了，就会迫切想要认识高端候选人，而且多多益善，这便是你的资源需求。

其次，我们要找到那些拥有我们所需资源的公司。

每家公司都有自己的核心业务，并且拥有大量围绕这些核心业务的资源。例如在招聘行业，猎聘网等平台便聚集了大量高端候选人，如果你在这类平台工作，就能接触到很多高端候选人。值得一提的是，每个行业的核心资源往往都集中在头部公司，通过头部公司寻找资源，往往能事半功倍。

何为连接中枢？它有助于我们理清社会组织的连接方式。连接中枢是指连接网络中连接数远高于平均连接数的节点，这些节点的连接效能强于一般节点，就能成为诸多节点之间的连接桥梁。

连接中枢

我大学时修《数据分析》课，选了“社交网络节点”这一课题。利用数据爬取技术，我爬取了学校里各个年级的学生在社交网络上相互关注的情况内容。我将每个学生看作一个节点，把相互关注作为一个连接，画出了整个院系学生的连接图谱。

在这个图谱中，我发现连接并非均匀地发生在每个节点上，有些节点的连接数明显高于其他节点若干个数量级。通过对这些节点进行分析，我发现它们的主体通常具有一些特殊的身份，有的是学生会主席、社团主席、学生创业领袖。

作为数据分析专业术语，连接中枢指的是连接网络中具有远高于平均连接数的节点。学生会主席、社团主席、学生创业领袖等角色的人，就是学校社交的连接中枢。这些节点的连接效能远远强于普通节点，成为诸多节点之间连接的桥梁。

社会中同样存在这种情况。每个人或者公司都是社会中的一个节点。公司的资源往往远强于个人，属于大型连接中枢。

了解这一概念之后，我们又该如何处理自己和连接中枢的关系呢？

每个连接节点都有特殊的身份特质，然而正是这些特质吸引着周围的人。一般人要想成为这种中枢节点非常难，这时该怎么办呢？

大学期间，我认为最合理的策略就是直接和中枢节点连接，与多个中枢节点连接，这样就能极大地提高自己的连接效率。换言之，做不成中枢节点，就要尽量靠近中枢节点。

走进职场，来到公司，公司就是连接中枢。公司自身资源充足，同时连接社会网络中诸多其他资源。我们参与工作，应与这种连接中枢深度绑定，从而提高自己的连接效率。

掌握组织边界、资源渠道、连接中枢这三种思维之后，你对工作的终极目的有了新的认识了吗？

规避三大局限，稳步升级你的斜杠力

我的一位前老板在其巅峰时期身价高达200亿元，对于普通人来说，这笔资产如同天文数字。出身于普通农民家庭的他，从一无所有到身价200亿，是怎样的一种增长模式才能实现这种飞跃式的跨越呢？我时常思考这一问题，最后得出一个结论：当然不是斜杠业务，因为斜杠是有局限性的，而是资本市场模式成就了他。

关于资本市场模式的内容，在本书的后面章节我会进行详谈，此处暂且聊聊斜杠的局限性。斜杠的局限性决定了斜杠业务的天花板，斜杠业务永远无法达到200亿的高度。因此，我们在落实任何模式之前，必须首先要了解它的局限之处。只有了解了局限之处，才能预见可能的瓶颈所在，才能为后续突破这一模式打下基础。

那么，斜杠业务的局限之处究竟在哪里呢？

斜杠模式有低风险、低投入的特点，这便决定了斜杠业务的回报存在局限性。局限从何而来，又该从哪些角度考虑这一问题——时间约束、心智约束、竞争壁垒这三种思维能够对此作出回答。

为了洞晓斜杠业务的局限性，首先应了解时间约束。所谓时间约束，即时间稀缺，会对事物发展造成约束。比如我国的股票每天涨跌都在10%以内，如果给定一天时间，任何一只股票都无法上涨20%，这就是时间约束。

时间约束

大学期间，我发现事情好像永远都做不完。每门课程背后都有着深刻的学问，因此每门课我都只能做一个粗略的了解，想要深入挖掘某个学科各个知识点，时间就会捉襟见肘，而无法完成别的课程；学校各种社团活动层出不穷，比如各类老乡会、朋友聚会等，而且谈恋爱也会花费很多时间。此外，我在大学期间还开办了自己的公司，需要应对公司里大大小小、各种类型的事务。这样，我的时间就更是不够用了。

为此，我只得放弃一些社团活动，后来为了公司甚至还牺牲了学习时间。我清楚地记得，时间最紧张的时候，我把可用的时间拆成一个个15分钟，每过15分钟，就在纸上画一笔，生怕自己不小心浪费了时间。这种时间超级紧张、感受到时间约束的经历，让我至今记忆犹新。

上述经历中，我先后选择牺牲用于发展社团活动的时间和学习的时间。换言之，因为时间约束，我在社团和学习方面并没有得到很好的发展。

斜杠业务也是如此。我们每天能够用于工作的有效时间仅有12个小时左右，除去本职工作所需时间，可以用于斜杠业务的时间其实很少。很多时候正是因为时间不足，斜杠业务才难以充分发展。

那么，如何规避时间约束问题呢？

规避时间约束问题的要诀，就在于购买别人的时间办自己的事情。至于具体如何操作，详见后面的章节。

为了洞晓斜杠业务的局限性，还应了解心智约束的概念。所谓心智约束，即心智资源稀缺，会对事物发展造成约束。比如一道数学题，小时候的我们就算抓耳挠腮，做不出来也还是做不出来。

心智约束

我曾和车贷行业的一家大型公司的老板有过几次沟通。他说，车贷行业工作很累，公司内部的管理工作非常复杂，款该不该放、业务员有没有猫腻等，都得盯着。另外，车贷行业经常会出现纠纷，他还要疲于应付各种纠纷官司。

因此，公司没法做到精细化管理，各项收支得不到有效管理。随着业务越做越大，反倒出现了亏损。老板有心无力，于是请了一位职业经理人。

这位职业经理人精明能干，迅速梳理了公司内部所有的支出情况，砍掉不必要的开支，公司很快便扭亏为盈，当年年底就盈利1000多万元。尽管这位职业经理人的薪水很高——年薪200万元，但是老板连连说："值，非常值！"

上述故事中的老板便遭遇了心智约束的问题。他意识到自己的心智不够，于是借用职业经理人的心智经营企业，这显然是一种理智的选择，也是正确的选择。

其实，心智约束是普遍存在的，世界上绝大部分工作都因为心智约束而无法尽善尽美。从中可以看出，心智是一种稀缺资源，各个行业的专业人才都是利用自己的心智资源推进行业的发展的。

刘备之所以三顾茅庐请诸葛亮出山，就是看好诸葛亮的心智资源。诸葛亮出山后，刘备集团的"业绩"便扶摇直上。

在斜杠业务方面，我们自己的心智几乎是唯一可以依靠的心智来源，这就导致我们不可避免地会遇到心智不足的情况，结果阻碍斜杠业务的发展。

那么，如何规避心智约束呢？

规避心智约束的要诀，就在于借用别人的心智办自己的事。至于如何具体操作，后面会有专门的章节进行讲解。

为了洞晓斜杠业务的局限性，了解竞争壁垒这一概念也是不可或缺的。所谓竞争壁垒，即利用自身的产品和资源优势，建立有效阻拦对手进入市场的门槛。它由人才、产品力、市场规模、技术专利等因素构成。

竞争壁垒

我国有一家非常厉害的高科技公司叫大疆，它垄断了近70%的消费级无人机市场。大疆厉害到什么程度呢？它拥有接近3000项专利，这一数字意味着整个无人机领域的里里外外，从电池组、操控算法到螺旋桨细节等，大疆都有自己的知识产权。

此外，大疆的供应链也几乎全部是独立的。美国通过制裁大疆的法案，却发现其供应链甚至可以脱离美国的公司；美国军方为防止数据泄露，禁止使用大疆无人机，然而在美国本土公司里根本找不到替代品。

提起大疆，我能强烈地感觉到，中国高科技公司正在崛起。如大疆这般建立起的高而有力的竞争壁垒，足以让国人自豪。其竞争壁垒的核心有三项：一是一般公司无法掌握的技术专利；

二是成熟的产品；三是强大的供应链。这三者使大疆竖立了强大的竞争壁垒，从而使同行公司难以与其竞争。

用竞争壁垒的思维来看斜杠业务，我们不难发现，由于我们投入斜杠业务的时间、精力和资本不足，一般情况下很难形成长期有效的竞争壁垒。没有有效的竞争壁垒，就是斜杠的局限之处。

看到这一点，我们在发展斜杠业务时，应该如何建立尽可能强大的竞争壁垒呢?

这就需要我们在产品、技术、管理等方面培养难以复制的优势。具体做法涉及创业层面的知识，后面的创业章节内容会为大家详细解答。

在掌握时间约束、心智约束、竞争壁垒三种思维之后，相信你已对斜杠业务的局限性有了充分认识，它将为我们最终突破这一局限奠定坚实的基础。

第四章

摆脱只靠出卖时间赚钱，做聪明的投资者

房地产背后无形的手：该在什么地方买房

前段时间，我前往成都出差。白天处理好公司业务后，晚上我独自在成都街头散步。走到杜甫草堂时，我瞬间就被草堂的气氛感染，沉浸在对历史的感怀之情之中。

杜甫旅居四川成都草堂期间，创作了《茅屋为秋风所破歌》。他在诗中讲述了自己居住的茅屋被秋风吹破，以致自己的家遭受雨淋的痛苦经历。

杜甫自身困苦，却依然忧国忧民，情绪激越轩昂，感慨万千地呐喊："安得广厦千万间，大庇天下寒士俱欢颜！"诗人希望大家都有屋可住，不致受风吹日晒，体现了杜甫忧国忧民的情怀，但是他只能将这种美好愿望寄托在文学作品中。

那么，怎样才能拥有千万间房，让贫寒的人们不再露宿街头，从而过上快乐的生活呢？

经济学鼻祖亚当·斯密说过，市场就像无形的手，这无形的手能形成秩序，指导人们的行为，从而创造出商品和财富。

房地产市场也受这只无形的手的指引。从房地产的市场需求出发，催生了大量的房地产供应，便形成了房地产市场。

那么，影响房地产市场的因素有哪些？哪些是需求因素，哪些是供应因素？我们应该怎样以市场的角度认识房地产呢？

为了回答上述问题，我将引入人口流动、经济面和土地价格三种财务思维，希望能够帮你解答。

首先，分析人口流动，我们就能了解地区之间各种短期的、长期的、周期性的人口流动现象。

人口流动

2019年末，微博上爆出黑龙江鹤岗市的房价只有几百块钱一平方米，小几万就能买一套房。这在房价高升的今天，简直不可思议！很多网友都不相信，已经2019年，怎么可能有这么便宜的房子？

然而，网友们一番查证之后发现，鹤岗的房价当真只是几百块一平方米。很多网友想不明白，这怎么可能呢？造房子所需的砖头、水泥的费用，人工费加起来都不止这些钱呢，更别提其他成本了。于是大家冷静下来，开始思考鹤岗低房价现象背后的深层次问题。

原来，鹤岗市位于黑龙江省东北部，北隔黑龙江，与俄罗斯相望，是我国国界线上的一个城市，不仅地理位置偏远，而且经济总量小，城市环境也有待优化。

所以，年轻人通过外出打工、读大学等渠道纷纷离开鹤岗，导致鹤岗的人口数量逐年下滑。人口的流失致使当地房地产市场的买家减少，需求大幅下降。于是空置的房子越来越多，房东们便竞相降价，甚至不惜亏本出售。房价由此一路下跌，直至低到几百块钱一平方米。

鹤岗的故事告诉我们：人口流动影响着房地产市场的需求。人口流入的城市，房地产需求增加；人口流出的城市，房地产需求减少。

那么，我们应该怎么判断一座城市的人口情况呢？

方法其实非常简单：查看统计局官网的人口普查结果，利用过去10年的人口数据，分析一座城市的人口变化，即可画出过去10年人口变化的曲线图，这样便能清晰地看到人口变化的走向。

同时，我们也要学会通过多个数据统计口径综合了解情况。比如，除了人口数量，还要看小学生人数的变化，如果一座城市的小学生人数明显增加，说明很多外地人口前来安家落户，这对于一座城市的未来也有着重要的影响。

了解了人口流动的概念，我们还需要关注一个城市的经济面的内容。认识经济面，我们就能认识一个地区的经济总量、国民经济构成、产业发展阶段与产业结构、经济发展程度等宏观经济指标。

经济面

2019年下半年，我国批准深圳建设社会主义先行示范区，给了不少经济、法律和贸易方面的优惠政策，民众也对深圳多了很多期待。

媒体也议论纷纷，很多经济学家公开表示对深圳经济看好。著名经济学家张五常甚至说："深圳，将成为整个地球的经济中心。"

由于经济向好，诸多房地产界的知名人士公开表示看好深圳，例如房产大V董藩教授就说，全国最看好深圳的地产，因为深圳的经济面最好。

城市的经济面越好，老百姓的购买力就越强，房地产市场的需求也就越大。反之，如果一座城市的经济面开始衰败，老百姓的购买力便会减弱，房地产市场的需求就会萎缩。比如以鹤岗为代表的很多东北城市，正是因为经济转型困难、经济面差，房地产市场需求少，房价自然较低。

那么，怎么判断一座城市的经济面如何呢？

首先，要利用宏观指标分析经济面。

我们可以通过统计局网站及其他网络平台查找到一座城市的经济面数据，包括经济总量、国民经济构成、产业发展阶段与产业结构、经济发展程度等。这些数据越好看，说明一座城市的经济面越好。

其次，请教生活在该城市的亲朋好友、师长前辈。

在一座城市有着直接生活体验的人，往往能够更直观地感受这座城市的生活水平。毕竟，经济数据最终还是要回归到个人生活层面上来，这些直接经验对于你的判断会更有参考意义。

以上两种思维是需求层面的问题，一个地区的土地价格是供应层面的问题。了解了土地价格，我们就能知道它是指土地买卖时的价格，即所谓的"地价"。

土地价格

几年前，我和一位从事房地产的朋友在北京三里屯散步。朋友说起自己10年来做房地产的经历，在房地产市场摸爬滚打的点点滴滴，还有整个国家的城市化进程，这些过往都让他感慨不已。

走着走着，我们来到了太古里——三里屯的地标性建筑之一。朋友指着太古里说，这种商业地产类项目，他们行话叫"盒子"。接下来，他打算去南方几个二线城市开发"盒子"，大赚一笔。

我疑惑地问："您公司总部就在北京，北京商业如此发达，为什么不直接在北京开发'盒子'呢？"

朋友叹了口气说："北京呀，开发商竞争太激烈，地价太贵，面粉比面包还贵，我还做面包干啥呀？"

朋友的比喻非常贴切，土地价格影响着房地产市场的供应。土地价格越接近房价，开发商越没有动力开发新房；反之，土地价格和房价之间的价差越大，开发商越有动力开发新房，因为其中的利润空间大。

那么，我们如何了解一座城市的房价和土地价格呢？

首先，房价可以通过公开的网络平台查到。比如贝壳网、网易房产，以及统计局发布的70座城市价格指数等数据。在此过程中，我们只需区分新房和二手房的价格差异即可。

其次，我国大部分地区的土地市场都有公示的招—拍—挂的程序，相关的公示信息一般在国土局及其合作的网络平台上都能查到，比如云地网。同时，各大网络媒体也会对土地招—拍—挂信息情况作出总结，这样我们就可以很容易地获取到相关信息。

人口流动和经济面属于需求层面的概念，土地价格则属于供应层面的概念。学完这三种财务思维，相信你对房地产市场的无形的手会有一个深入而细致的认识。

房地产背后有形的手：该在什么时候买房

著名房地产专家陈淮教授和董藩教授在房地产论坛上有过一次经典论战，如同房地产领域的“华山论剑”，引得地产圈人士纷纷讨论，也吸引了观众的眼球。

董藩教授首先分析了北京的调控政策——需要连续缴纳5年社保，才能获取到在北京买房的资格。董藩教授认为，调控政策只能让需求延迟5年爆发，并不能从整体上抑制，因此它对北京的房地产市场影响非常有限。

陈淮教授则坚定地表示，北京的调控政策非常有效，也非常必要。如果没有调控政策，那么谁该留在北京，谁不该留在北京，便完全由钱说了算。调控政策给有能力且愿意留在北京长久发展的年轻人带来了希望。

整体而言，董藩教授更加相信市场机制，陈淮教授则认为政府干预调控房地产市场十分必要。我们把政府对房地产的干预和调控称为有形的手。

主张政府参与经济、出手调控经济的经济学派，叫作凯恩斯学派。其创造始祖是1883年出生的英国经济学家凯恩斯。凯恩斯论述了政府在扩大开支、实行赤字财政、刺激经济、维持繁荣等方面的积极作用。后来凯恩斯学派和市场学派的争论旷日持久。

事实上，我国房地产政策的制定者们已经深入研究了世界各国的房地产市场历史，尤其是在对比了日本和韩国的房地产市场发展情况以后，发现调控政策能够有效地维持房地产市场的稳定。我国房地产市场存在明显的政府调控行为，处于一种政府调控和市场机制调控并行的状态。

这只有形的手无时无刻不在引导着房地产市场的走向，所以对我们而言，理解房地产市场背后这只有形的手十分必要。

那么，影响房地产市场的政策因素具体有哪些？有形的手通过哪些方式调控房地产市场呢？这些方式又会对房地产市场带来哪些影响？

为此，我将引入货币政策、准入政策和供应政策这三种财务思维。

首先我们必须分析货币政策，只有这样才能对政府为了实现特定的房地产市场调控目标而采用的各种控制、调节货币供应量和信用量的政策和措施有所了解。

货币政策

2017年年初，我打算在北京购置一套自住房。当时，朝阳区东大桥一带是我最喜欢的片区，附近有三里屯酒吧街可以漫步，有隐藏在使馆区的各国正宗餐厅的菜品可以品尝，距离CBD（Central Business District,中央商务区）和大型商超也近。

我在看房时，房价已是飞涨，东大桥片区几乎一天一个价，高峰期时学区房均价已达12万元左右一平方米。3月中旬，我正兴高采烈地看房时，北京出台了一系列房地产调控政策。政策出台这一天是3月17日，因此称为“317新政”。

“317新政”乍一出台，便直接将我打懵。新政规定，只要个人名下有房贷记录，即便房子在外地，想在北京买房，也必须按照二套房计算。

而要购买这个二套房的要求之一就是，首付比例不得低于6成，算上中介费和定金，通常会在7成左右，这都快接近全款购房了。当时我判断，市场没有足够的钱，北京的房地产市场一定会急转直下，因此便暂时放弃了买房的打算。

两年以后，当我再去东大桥看房时，发现房价已从2017年的最高点12万，下降到8万多，跌幅接近30%。

调整二套房贷款比例就是一种货币政策。货币政策收紧，老百姓能从银行贷款的额度就会降低，有能力买房的人数就会减少，这样社会上用于购买房产的资金就会变得相对缺乏，房价便会下跌。在其他条件不变的情况下，货币政策越松，房价越会上涨；反之，房价就会有下行压力。

既然货币政策对房价的影响如此明显，我们就要密切关注各城市房地产市场货币政策的变化。我认为，分析货币政策时需要注意三点。

首先，充分利用自媒体捕捉货币政策方面的信息。

通常，微博、微信公众号等自媒体平台上都有全国各地的房地产自媒体，既有全国性的，也有地方性的。关注全国性的自媒体，可以了解国家宏观的货币政策动向；关注地方性的自媒体，可以针对自己感兴趣的城市深入、细致地了解其具体的货币政策。

其次，适度关注即可。人的精力毕竟有限，关注自媒体无须花费太多时间。政策频出时，一周浏览一次；政策平缓时，一月一览也无不可。

最后，对于各家自媒体对于房地产市场的分析，我们切不可盲目相信。我们需要谨慎思考，具备自己的判断力。比如对于某个具体问题，各家说法不一，此时我们就需要通过自己的综合分析，判断其中科学合理的部分。

了解完货币政策，接着我们必须认识准入政策，只有这样我们才能明白能否进入房地产市场是由各种政策规定的。

准入政策

我在北京有个同事，三十五六岁，没有买房，也没有女朋友。他一个人在北京上班，家人都在老家，倒也逍遥自在。

2017年上半年，我隐约听说他想安家了。由于他在北京的社保曾断缴过，续交后仍然不够5年，所以暂时不具备在北京买房的资格，于是便将目光投向北京以东的燕郊。当时我觉得，这倒也是个不错的选择。

最近，我听他的一个哥们说，现在他们根本不敢在他面前提“房子”两个字，一提他就着急上火。

这是怎么回事呢？

原来，2017年上半年，燕郊房价暴涨，他出手时已经涨到4万元一平方米。交易过程中，房东还坐地涨价，他害怕错失良机，不得不妥协。最终成交时，每平方米远远超过4万。

令他始料不及的是，他刚刚办完手续，燕郊便出台了新的市场准入政策：只有在燕郊交够3年社保的人，才有买房资格。由于少有人在燕郊缴满3年社保，结果大量买方被排除在市场之外，市场需求瞬间极度萎缩。

随后，燕郊房价急转直下，在两年多的时间里，从4万一路跌到两万。当年，他为了在燕郊买房，不仅将在北京打拼多年的所有积蓄压上作为首付，还向银行贷款280万元。如今房价“腰斩”，房子总价跌至200万不到，而他还欠着银行250多万元。换言之，房子的负债比其价值还高，已然变成负资产。他在北京奋斗多年的努力，全都灰飞烟灭，焉能不急！

上述故事里，我的那位同事一直与准入政策做斗争。因为他在北京的准入资质不够，无法在北京购房；而在燕郊买房之后，又由于燕郊的准入政策收紧，导致房价快速下跌，蒙受巨大损失。通常，准入政策放宽，会导致房价上涨；准入政策收紧，则会导致房价承受下行压力。

那么，我们应该怎么看待房产准入政策呢？

首先，你应该了解购房当地的房地产准入政策。了解房地产准入政策最好的办法，就是与当地的房产中介聊聊。比如，北京各个小区旁边都有房产中介的门店，进店就能问到当下的房产准入政策的情况。

其次，按照房产准入政策积极准备，满足政策要求。例如，如果你打算在深圳、天津等城市买房的话，就需要当地户口，而其户口政策相对宽松，可以通过积分落户的方式获得房地产市场的准入资格。

在上述两种政策还不能完全分析房地产政策的情况下，最后还需理解学习供应政策的概念，只有这样我们才能理解政府为了实现房地产调控目标而采用的影响总供给的各种政策。

供应政策

2017年9月，北京共有产权房政策开始实施。时隔不久，当时我所在公司的一位技术组的同事告诉我，他正在参与北京共有产权房的摇号。

所谓共有产权房，就是房子产权一半归政府，一半归购房者，而房子的价格便宜一半。虽然房子有一半的产权归政府所有，可是只要购房者用于自住，就无须另付租金。

这位同事说，自从听说北京推出了共有产权房政策，他整个人都觉得有了希望。他早前曾看中昌平片区，想在那里购买商品房，但是房价高达6万元一平方米，他实在负担不起。而同样片区的共有产权房，每平方米只需3万元。他周围好几位同事都已摇中共有产权房，解决了居住需求。

共有产权房政策就是房地产供应政策中的一种。除了共有产权房，还有限竞房、经济适用房、单位自建房等多种房产。政府推出商品房之外的房产供应措施，多少带有一定的福利属性，用以减轻老百姓的购房负担。

除了福利性政策，还有一些限制政策，涉及新房和二手房供应的问题。例如在沈阳、西安等地，购房者买房后须两年或三年后才可卖出，这便是一种限制二手房供应的政策。

通常而言，供应政策收紧，供应量下降，导致房价回升；供应政策放开，大量住房涌入市场，导致房价承受下行压力。

那么，面对房地产市场的供应政策，我们应该怎么做呢？

首先，确认自己是否具有购买商品房的实力。

以北京东大桥片区为例，一套80平方米的商品房总价640万元，如果30%首付，70%贷款，那么首付需近200万元。如果你具备购买商品房的经济实力，可以优先考虑商品房，因为商品房的保值、升值能力一般强于福利房。

其次，如果你购买商品房的经济实力不足，那么就要努力满足政策性福利房的购房条件。

例如，在北京申请共有产权房，要求社保缴纳满5年或者拥有北京户口，而且需要年满30岁或者已婚。一旦满足条件，积极主动地申请福利房，也是一种非常有保障的选择。

在掌握货币政策、准入政策和供应政策这三种财务思维之后，你对我国房地产市场中有形的手的概念是否有深入了解了呢？

应对复杂股市的六字要诀

前段时间有网友问我：能不能用最简洁的语言总结一下，投资中最重要的事情是什么。

世界上最难的事，就是把浩如烟海的复杂学问总结为简单的几句话。不过今天，我想试着挑战一下。

我自己求学时就在想：炒股不就是一买一卖吗？怎么会这么难呢？后来当我逐渐认识到技术面分析、基本面分析、经济周期、国家政策等知识对股市的影响时，我才发现，每一方面的相关书籍和资料都如汗牛充栋，读也读不完。

记得一年夏天，我埋头读了好几本关于技术面的书。这些书的作者都是具有丰富经验的操盘手。整个夏天，我就对着股市的K线（源于Candlestick chart，蜡烛图，一般指技术分析的一种图表），研究金叉、死叉、均线、布林线、趋势、回归等知识。我还发现，虽然这些书里学问很多，但是却十分主观，有些甚至互相矛盾，想要通过这些主观经验掌握真正的学问，还真得费一番脑筋。

面对这种情况，怎样将复杂的知识用最简洁的语言表述出来呢？我相信大道至简，很多道理其实都可以简化。经过多年的实操和系统的学习思考，我终于总结出股市投资最重要的六字口诀：选筹、择时、算仓。这也是我将要引入的三种财务思维。

那么，这六字口诀是什么意思，又怎么认识它们？具体操作中，如何正确地运用呢？

六字口诀首先是“选筹”，它让我们能够知道如何在千万个投资标的中使用系统的分析方法，选出最具投资价值的标的。

选筹

2019年年中，自媒体上一篇《基金经理忏悔录》的推文广泛流传于金融圈。这篇推文里讲到，一位基金经理在选择某家上市公司股票时犯了10多个错误。

这位基金经理认为，自己具有良好的财务基础，并且对我国创新产业素有研究。而且他自己还是一个价值投资者，信仰巴菲特那一套投资哲学。

于是他选中一家做化工材料的上市公司。这家公司财务表现十分突出，高增长、业绩出色，并且长期专注做自己的主业。此外，该公司从不做并购、重组这类资本运作，安心发展实业。

尤其突出的是，它还通过了中国银行、民生银行等知名机构的调查，并与之进行承销合作。简而言之，这家公司怎么看都是一家像模像样的好公司。

然而，在这位基金经理投资的3年多的时间里，这家公司逐渐露出了马脚。原来，他们并没有专注于主业。表面上看，他们给不同的业务取了相似的名字，听起来好像是一类业务，但实际上却属于不同的业务。

这家公司的高增长和高利润又是怎么回事儿呢？原来，他们居然在财务上造假。公司的董事长虽然学历较高，但是为人却有诚信问题。

股市中，上市公司的股票就是筹码。选对筹码是股市投资的基础。这位基金经理因为选错筹码而造成重大损失，那篇推文便是他痛定思痛之后写下的“忏悔录”。

那么对于我们普通人来说，应该怎么做才能选对筹码呢？

首先，须对目标公司所在的行业有深入的研究。不要盲目进入一个自己不懂的领域，无论是化工、电子还是材料行业，若有投资意向，就必须深入研究。

其次，选择优质标的。例如，如果你决定投资酒水行业，那么是投五粮液还是投茅台呢？究竟谁才是酒水行业的龙头企业？为了弄清楚这些问题，必须对具体每家公司进行细致的研究。至于如何进行，此处暂不细说。但毋庸置疑的是，没有细致的研究是万万不行的。

最后，练就识别伪装的能力。许多公司为了商业利益，都会有意美化自己，做一定程度的包装。上述案例中的公司就是通过财务造假将自己伪装成行业里的龙头企业。因此，练就火眼金睛识破这些伪装就非常重要，至于如何练成这种能力，主要是从实战中积累经验，也可以向经验丰富的人讨教。

六字口诀中其次是“择时”一词。理解了择时，我们就能判断出市场出现最低谷的时间，在此时买入并于市场最疯狂时卖出，投资收益便能实现最大化。

择时

互联网圈里有“GAFATA”的说法，6个字母分别对应谷歌（Google）、苹果（Apple）、脸书（Facebook）、亚马逊（Amazon）、腾讯（Tencent）和阿里巴巴（Alibaba）6家公司，它们代表了互联网行业最成功的公司，涉及搜索引擎、电商、社交网络以及硬件消费品等领域。

互联网经济是科技创新和新经济的代表。早些年，这6家公司的股票表现得异常优异。比如众所周知的苹果公司，从2013年4月到2018年9月，股价涨幅接近6倍；中国的阿里巴巴，每只股票从2013年10月的57美金，上涨到2018年6月时的211美金，涨幅约4倍。

“GAFATA”随着互联网行业和新经济的发展，凭借垄断属性而独占鳌头。那些年，凡是投资“GAFATA”的股民都赚得盆满钵满。当更多人发现它们的优异表现，迫不及待地跑去建仓时，2018年下半年，情势急转直下，苹果股价跌幅接近50%，阿里跌了将近40%。

这是怎么回事呢？

原来，2013年到2018年，移动互联网技术带来的红利逐渐结束，包括“GAFATA”在内的整个互联网行业都进入瓶颈期，业绩增长乏力，之前各种创新应用和终端都已普及，再也没有明显的增长点。

从中可以看出时机的重要性，选择时机，便是择时。择时正确，才能让好的筹码创造更多的价值。

那么，怎么正确地择时呢？

首先，须对市场周期有个宏观判断。

股票市场往往7年一波行情。如果你打算在当下投资，就需要明白股市当前处于周期中的哪个位置——是处于周期的底部还是顶部？择时，通常是在周期的底部建仓，在周期的顶部逐步出货。

其次，对行业和公司的业务必须十分了解。

大体而言，我们需要判断公司的业务处在上升期、瓶颈期还是衰退期。理想的状态是，于上升期的早期进入，买入股票，在衰退期到来之前再卖出。

六字口诀最后是“算仓”。学会算仓，即仓位计算，我们就能掌握每次投资操作应该买入多少、卖出多少，从而在风险和收益之间获得平衡。

算仓

多年前，我有个女下属热衷于炒股。刚开始，她只是投入了小笔资金，大概5000元，很快便赚了1000元。高兴之余，她将身在异地的男朋友请到她所在的城市旅游了一圈，之后开始加大仓位。

后来投入两万元后，她亏损了。我劝她悠着点，不要再加大投入。但她不听，继续投到5万元，结果又亏了。我再劝她，她依然如故，甚至找男朋友借了10万元又投了进去，结果还是亏损。

我只能又劝，她仍然不听，居然将母亲为她准备的20万嫁妆全给投了进去，最后亏损了50%。

事后我问她：“为什么我劝你那么多次，你就是不听呢？”

她说："一开始，我是想赚得更多，后来就一心想要回本，结果越陷越深……"

上述故事中，我的那位女下属自己只有5万元本金，借了男朋友10万元，母亲20万元，她借用的资金总共30万元，相当于自己本金的6倍，而其仓位越加越大，已经远远超过她的承受能力。

理智的做法是，每次面对投资机会时，先算清自己应该打出的仓位，如此才能使预期收益最大化。

那么，我们怎么才能计算出自己的仓位呢？

首先，我们要认识到，仓位计算其实是一个数学问题。对于这一问题的研究，已有诸多数学家付出辛勤劳动，并取得了可观的研究成果。对此，我们必须充分了解。

其次，我们应该保持积极主动的学习心态。仓位计算看似浅显，实则涉及很多复杂的概念和专业的计算。由于篇幅有限，本节暂不细说，详见下一节。

股市操作包罗万象，炒股知识汗牛充栋，选筹、择时、算仓六字口诀则是根本纲领，任何复杂变化都不会跳出这六字口诀的范畴。相信凭借这六字口诀，你对股市投资已有较为深刻的认识。

仓位理论：股市中的投资组合

多年以前，我在国外读书。我所在的计算机学院距离商学院较近，所以我经常利用课余时间前去听课。有时听完课还会在商学院食堂吃饭，听听商学院的同学们茶余饭后都在聊些什么。

有一次，我一边吃饭一边听旁边几个同学讨论炒外汇的事。其中一个同学说，他不久前预测新元相对澳元将会升值，于是快速建仓，见形势大好，又赶紧加仓；加仓后形势发生变化，他不得不减仓，终于在爆仓前平仓。

当时，这位同学说得飞快，我坐在一旁，听到“建仓”“加仓”“减仓”“爆仓”“平仓”等名词，简直云里雾里，于是向他请教。但是，那位同学却投来一个不屑的眼神，似乎并不愿意理睬我这个从计算机学院跑来蹭课的同学。

后来我才知道，在金融投资领域，仓位是极其重要的知识。很多先进的投资策略的制定都建立在科学认识仓位的基础之上。不懂仓位的概念，做投资简直寸步难行。

那么，我们应该怎样认识仓位呢？仓位是全部的钱、所有的家当吗？可以借钱投资吗？仓位应该怎么计算呢？

为了回答上述问题，我将引入仓位、仓位理论和投资组合理论这三种财务思维。

实现最优投资组合的第一步是学会分析仓位，它是指在你遭遇损失后，依然可以让你保持理性，且生活、工作都不受影响的资金。

仓位

一个心智普通、在北京工作的码农，手上有100万元现金，父母都是三线城市的普通市民，名下有两套房。小伙子无房贷，月工资税后3万元。

假设他要进行一项为期12个月的投资。未来12个月，他的工资收入为36万元，生活开支为16万元，结余20万元。加上手上已有的100万，在未来的12个月里，他可以支配的现金一共是120万。

他结合自己的现状分析，认为20万元存于银行，用来抵御家庭和工作上的风险足矣。换言之，除去用于抵御风险的20万元，他觉得即使亏损100万元，自己也能承受，不会影响未来一两年结婚生子和赡养老人的计划的实施。这种情况下，他的仓位便是100万元。

值得一提的是，保持理性的能力因人而异。有人亏得一无所有，即便头天晚上心在滴血，第二天依旧谈笑风生；有人别说亏钱，哪怕遭上司一句骂，都难解心结——这种差别我们称为心智资本的差别。同等资金状况时，心智资本多的人往往可以投入得更多。

那么，我们怎么计算自己的仓位呢？

首先，算出自己的资金总额，包括手上的现金和高流动性资产，比如余额宝的资产等。

其次，计算自己的收入水平，以及分析每月除去生活开支之后的结余情况。

再次，拟出自己想要投资的时间段，算出这段时间的总结余。

最后，将现有的资金总额与未来的总结余相加，再减去用于抵御风险的资金数额，得出的金额，便是你的仓位。实现最优投资组合的第二步是学会理解仓位理论，它是指依据科学的计算方法，算出单一标的最合理的仓位。

仓位理论

继续上文的事例。

码农的仓位是100万元，他是不是可以将其全部用于投资呢？

当然不是！

确定仓位之后，接下来需要解决的就是确定单一股票的仓位的问题。比如，他想购买腾讯的股票，应该打出多少仓位呢？答案就在一个公式里。

假设你于2019年秋天买入腾讯股票，并且愿意等待4年；你打算赚到2.5倍时卖出（W=2.5），或者跌了60%时立刻止损（L=60%）；同时，赢的概率是50%（p），输的概率也是50%（q）。此时，仓位比（f）公式为f=p/L-q/W

将数据代入上面的公式，得出仓位比（f）为63%。换言之，你应该拿出63%的现金投资腾讯股票，即63万元，这就是最优解。这个公式便是著名的凯利公式。

现在我们从头捋一下计算仓位的方法的内容：

第一步，按照第一部分的内容，算出仓位总额。

第二步，设置投资股票的止盈点和止损点，然后估计出输赢的概率。

第三步，按照凯利公式，算出仓位比。

第四步，将仓位比乘以仓位总额，得出的数据便是合理仓位值。

找到最优投资组合的第三步是掌握投资组合理论，它有助于你针对多个资产，合理配置各个组合的仓位，从而形成一个有效的投资组合。

投资组合理论

仍然以上文的码农为例。

除了腾讯股票，他同时十分看好国内的奢侈品消费和房地产市场，打算买入茅台和万科的股票。

他将63%的仓位投资腾讯之后，剩下37%的仓位应该怎么投资呢？

利用凯利公式进行计算，结果茅台的合理仓位值为40%，万科的合理仓位值为25%。

这时便出现了一个问题：63%+40%+25%=128%，超过100%了！

肯定是哪里计算错了吧？

原来，凯利公式只能用于计算单一投资股票的仓位，针对多只股票的计算，则要引入另一位主角——哈里·马考维茨（1990年诺贝尔经济学奖得主）的理论。马考维茨于1952年发表了论文《资产组合的选择》，通过数学方法证明了一揽子的股票组合的成立，组合中各个股票的比例都具有最优解，以实现综合收益的最大化。

马考维茨的公式特别复杂，在此我不再具体展开。我们需要牢记的重点是：在一组投资组合中，每只股票的仓位都具有唯一的最优解。

假设经过计算，他投资腾讯、茅台和万科的最优仓位分别是50%、30%、20%。那么，他可以按照这一比例放心大胆地下注，如同播种之后静待种子慢慢发芽、成长，完全不用顾虑其他。对他而言，其投资仓位值已是他的投资组合的数学最优解，达到了投资科学的极致。

那么，我们应该如何利用马考维茨的资产组合公式呢？

我的建议是：使用现成的工具和数据即可，无须自己劳心费力再去证明。当然，如果确有兴趣，也可自行百度搜索，在网上已有一些编制好的投资组合公式表格，你只需往表格中填入参数，便能轻松地算出股票投资组合的仓位值。

掌握了仓位、仓位理论和投资组合理论这三种财务思维，我们便可组建属于自己的科学合理的投资组合了。

如何判断牛市的到来

2003年，非典来袭，学校停课，我只能待在家中，整日整夜看书、打小霸王；2013年，禽流感病毒肆虐，我当时正在香港转机，被请进监护室接受隔离……这些都是我的亲身经历，这类情况似乎每隔几年便要出现一次，对我的生活也产生了很大的影响。然而这种情况，与金融市场的牛市几乎一模一样。

2013—2014年的一级市场股权、2015年的股市和域名市场、2016—2017年的房地产市场和币圈等，这些牛市出现的"机制"确与传染病有点类似。

著名经济学家罗伯特·希勒在其2005年出版的《非理性繁荣》一书中说过这样一段耐人寻味的话："市场的热情，通过心理的相互影响，在人与人之间逐步扩散。如同流行病毒一般，越来越多的投资者加入到了推动价格上涨的投机行列中，完全不考虑资产的实际价值，而一味地沉浸在对其他投资者发迹的羡慕以及赌徒般的兴奋中。"

罗伯特·希勒所说的，不就是投资市场的牛市吗？牛市如同流感，每隔几年出现一次，很难确定下一次流感什么时候会到来。不过，我们可以通过微观的市场特征来预测其爆发的时机。

例如禽流感，当候鸟开始成批死亡、数量下降，与禽类有过接触的人们开始出现症状，以及跨区域感染病例出现时（这些现象就是禽流感的微观特征）——我们就能做出预测，禽流感很可能会即将爆发。

那么，预示投资市场牛市即将到来的微观特征是什么？我们应该怎么分析和预测？又该如何提高预测的有效性呢？

为了回答上述问题，我将引入情绪面、资金面和技术面这三种财务思维。

为了正确判断牛市是否会到来，我们首先应该学会分析情绪面，它能让我们明白投资市场中存在的非理性的一面，这些情绪因素导致了投资市场泡沫的产生和破灭。

情绪面

2015年，股市到处洋溢着疯狂的情绪。当时，我为了了解市场，先后走访了各个股票投资峰会和证券开户大厅。现场人头攒动，我甚至看到不少好友的身影，他们一改平日里踏实谨慎的作风，全都沉浸在对市场早期参与者发财的嫉妒和不理智之中。

他们一个个声称，股指年底必破10000点。我问起缘由，他们却语焉不详。作为“老司机”，我当然知道等待他们的将是一场悲剧般的泡沫破灭。

稍显意外的是，之前股市泡沫里血亏的多是文化程度不高的中老年人，然而此次，许多学历、经历皆优秀的年轻人，居然也栽了跟头。一天晚上，我默默地在笔记本上写下一句话：“市场嫉妒的情绪到了极致，会打败多年知识积累带来的常识框架！”

果不其然，股灾说来就来，接连创下数次千股跌停的奇观。我的一个兄弟投资股市一整年，爆仓300万元，2016年春节，别人都在放烟花，他只能一个人流泪，对家人也是只字不提。

市场情绪极度疯狂的时候，就是牛市见顶、市场开始急转直下的时候。而牛市启动之前，情况正好相反。

那么，牛市启动之前，市场会表现出哪些情绪化的特征呢？

首先，无数权威专家和自媒体大V都会公开表示，不看好股市。他们的观点会进一步引爆市场悲观的情绪。

其次，从投资者的层面来看，在各种股票交流QQ群和微信群里，当大家经历了失望、绝望、吐槽甚至谩骂之后，慢慢地就会恢复到相对平静的状态。此时，市场下跌渐趋至底部，不久将要迎来牛市的曙光。

最后，在上一轮周期中获利的股票玩家不再谈论股市。这一点非常重要，因为经过漫长的下跌，很多之前相信股市的人开始怀疑和动摇，而再坚定的信仰，在不能赚钱这一铁定的事实面前都会被击得粉碎。实际上，这正是否极泰来之时，市场将会发生转机。认识到这一点，我们就能准确地判断时机即将到来。

为了正确判断牛市是否会到来，我们还需研究资金面的问题，它能让我们知道市场资金的流动和进出是如何影响市场形势的走向的。下面我们就来聊聊资金面的问题。

资金面

我长期从事一级市场的股权投资工作，即风险投资。自2017年年初起，我遇到的消费金融项目的负责人都傲慢地和我说：我们不需要投资，因为我们有的是钱！

2017年年末，我接见了一个消费金融项目的团队。该团队连盈利模式、商业模式、财务成本和利润等基础概念都不理解，当我问到整个行业的发展状况时，他们竟然对此几乎一无所知！

没等我深问，项目方便傲慢地板起脸来，连基本的商务沟通礼仪都免了。当这个素质极差的团队都敢于在一级市场开口要1个亿时，市场运作的疯狂程度便到了极限。

将近两年过去了，我们已经做好放弃这条“赛道”的打算，此时他们又找了回来，一本正经地说：“我们需要投资，我们的团队一直都在踏踏实实地做事，现在就差一笔投资了！”这套说辞并不鲜见，常让我忍俊不禁。

那么，在牛市启动之前，哪些特征表明市场的资金面见底了呢？

首先，是素质极差的项目团队消失得无影无踪。他们被市场打回原形，躲到了没人知道的角落里。

其次，各类项目方开始积极融资，对融资速度的要求甚于对融资价格的要求，很多项目愿意折价、降价融资。

最后，场外融币变得困难，成本上升。整个市场开始失去资金获利效应，信誉随着赚钱的失败而瓦解。

只要看到上述三个特征，便可判断市场资金面已经见底，牛市即将启动。

为了正确判断牛市是否会到来，我们同样不能忽视技术面的问题，它有助于我们通过变化的技术指标、走势形态更好地分析市场未来的走势。

技术面

2018年年中，我的一位好友参与了一个股市数据分析项目，他们的团队对于股市技术指标的理解还是颇为透彻的。

年底的一天，我们约在一家新兴连锁咖啡馆见面。北京的冬天非常难熬，店门居然关不严实，着实感觉很冷。我和朋友以及项目方的CEO（Chief Executive Officer，首席执行官）在冷风肆虐中坚持着，聊了整整两个小时。

朋友非常认真地将他们的技术指标一一向我讲解，我受益匪浅。然而，最后我并没有投钱。几个月后，正如我预料的那样，该项目失败了。与一般失败的事件不同，我的朋友将其研究的所有技术指标写成一篇报告，并赠阅于我，对此我非常感恩。

就历史回测数据来看，大部分指标其实根本不灵。菲阿里四价、空中花园、均值回归、布林……这些听起来高大上的策略，放到历史数据中做一番检测，结果其实并不理想。

那么有没有靠谱而有效的技术指标或者特征，能够帮助我们判断牛市的启动时机呢？有！

指标一：新用户数量。新用户数量包括新开户数、主流炒股客户端的新增用户数等。新用户量暴增时，入金大大增加，就会导致股价上涨，牛市启动。

指标二：平均账户余额。观察交易用户每天的平均账户余额，当平均账户余额开始下降，说明市场涌入大量散户。散户的不理智行为和情绪会像传染病一样扩散，最终引发牛市。

特征一：底部交易量放大。底部来临时，很多散户和机构入场抄底，导致底部的交易量突然放大。

希望情绪面、资金面和技术面这三种财务思维，能够助你从容地判断投资市场的大势，把握市场牛市的节点。

另类市场：年轻人的机会

前文我曾提到过康波周期。我对康波周期较为认可，但是对于“人生发财靠康波”一话却持保留意见。关于这个话题，我曾在一个投资社区谈起过。

假设一个年轻人手握100万元，他抓住康波周期，于市场底部买入股票，一年之内翻倍，资产变成200万元。那么他发财了吗？没有！现代社会，200万元的资金与富人阶层水平相距甚远。所以我认为，资产即便能在一年之内翻倍，普通人也难以发财。

那么，如何才算真正发财呢？如果年轻人手握100万元，一年之内暴涨10倍，资产达到1000万元，才算真正发财并踏入富人阶层的门槛。

所以我说：“人生小康靠康波，发财靠另类市场。”

然而，这类爆发性机会只能见于非主流小体量的另类市场中，另类市场注定惠及不了大部分人。

那么，我们如何认识另类市场？它与大众市场有什么差别？另类市场的收益为何那么高呢？

为了帮助你认识另类市场，我将引入大众市场、另类市场和超额收益这三种财务思维。把握另类市场，我们首先要了解大众市场，它有助于我们更好地了解门槛较低、为人们所熟知、人人都能参与的投资市场。

大众市场

我在北京有个理财顾问，是某财富公司的客户经理。他有一个习惯，为了和客户套近乎，逢年过节必定问候对方，同时推荐一些理财产品。

他向我推荐的理财产品主要包括基金、信托、有限合伙等。出于礼貌，刚开始我还客气地回复，后来有些不胜其烦，便只敷衍几句，甚至不睬不理。

终于有一次，他好奇地问我："我们公司的产品收益高、覆盖广、种类多，你为什么不重视呢？"

我告诉他，他推荐给我的所有产品都是大众产品。大众化产品的特点就是收益通常较低，年化收益10%已是罕见，达到20%的更是凤毛麟角。而我想要的是一年增值10倍的产品，增值10%的资产我根本不会在乎。整体而言，大众市场的投资产品，其收益水平是无法使人致富的。

那么，我们该怎么看待大众市场的投资产品呢？

首先，处于人生的起始阶段，即财富累积的早期，我们不应过度重视这类产品。因为这类产品只能实现财富保值，想要实现财富累积，我们还需要借助其他手段。

其次，在进行了充分的财富累积后，我们应该适当地配置这类投资产品。因为在这一阶段，我们对于现有财富有了保值的需求。

最后，选取这类产品时，需重视合规性。一般而言，合规程度越高的产品，其安全性也越高。

另外，为了把握属于年轻人的机会，我们必须充分理解另类市场，只有如此我们才能更好地理解区别于大众市场的、非标准化的、只面对小众人群的投资市场。

另类市场

我以前的一个老板有一个特别的爱好——收集茅台酒，而且偏爱53度飞天。在北京市场上，但凡有人肯出，他便肯收。

他刚开始收购时，53度飞天茅台的单瓶市场价格只有700多元。随着茅台越收越多，他便专门腾出一个房间用来囤放。在短短的三年时间里，他收藏的茅台价格已经涨了三倍。茅台酒在他的手中，从最初的消费品摇身一变成为投资品。他说，茅台酒是最适合普通人的投资品，建议我也收藏一些。

无独有偶，还有一个关于冬虫夏草的例子。

冬虫夏草是一味中药，生长在西藏自治区海拔五千米以上的地区，具有补肾益肺、止血化痰的功效。

2003年，冬虫夏草的价格是1元一根，甚至低至几毛钱一根。此后至2006年，其价格开始飙升。2006年之后，包括同仁堂在内的海内外药企开始大量收购冬虫夏草，价格迅速涨到五六万元一斤，最近几年每斤甚至已经涨到10万元左右。

近30年来，冬虫夏草的价格已经上涨了近3500倍，何其夸张！后来我发现，西藏有人依靠种植和买卖虫草而实现了致富的目标。

曾有理财顾问向我推荐购买茅台和虫草，这就是另类市场投资。另类市场属于垂直的专业领域，风险往往远高于大众市场。当然，它的收益也同样高回报。

那么，我们应该怎么看待另类市场呢？

首先，我们应该认识到，每个另类市场都需要大量的专业知识。

例如，茅台涉及真伪鉴定技术、批发渠道知识、储存技术等知识内容，以及根据已有的知识对酒类市场的未来做出正确分析和判断的能力。只有具备了足够的专业知识，才能将市场研究透彻，从而作出正确的投资决策。

其次，我们应该意识到，由于另类市场风险巨大，所以我们应该增强自身的抗风险能力。

为了降低风险，我们投资另类市场时应该严格计算仓位，不得贸然全仓入场。

为了在另类市场上有所斩获，认识超额收益这一概念也是不可或缺的，它有助于我们认识到另类市场上能够获得远超出市场平均水平的收益的产品，从而实现财富的最大增值。

超额收益

53度飞天茅台3年上涨3倍，冬虫夏草30年上涨3500倍，都属于远远高于市场平均水平的超额收益。然而，它们还不是最夸张的。

我认识一个在域名投资界赫赫有名的大佬——域名是另一个重要的另类市场。2017年年初前后，他意识到金融科技行业即将崛起，于是开始大量囤积金融科技行业的域名。果不其然，金融科技行业正如其所预料的那般，各类域名的价格水涨船高。

我问："这一波，您赚了多少钱呢？"

他说："比过去10年赚的加在一起还要多！"

他同时补充说："只要能抓住一个行业的风口，购买相关域名就能成就一拨人。”

这种超额收益，在大众市场是极难见到的。

为什么年轻人应该关注另类市场投资呢？因为年轻人手中的资本非常有限，只有剧烈的涨幅才能助其迅速崛起。而普通投资一年10%的收益，根本无法改变年轻人的命运。

那么，我们应该怎么看待超额收益呢？追求超额收益的心态是否显得很浮躁呢？

首先，我们需要对“别赚快钱、大钱”说不！

可能很多人会对你说，“别赚快钱、大钱”。然而事实上，我发现很多成功人士的第一桶金恰恰来自快钱、大钱。就结果而言，这是很多成功人士崛起的必经之路。我们当然不应奢望每个人都能赚上快钱、大钱，我只是想告诉大家，另类市场的投资是具备这种爆发力的。

其次，研究另类市场是一个漫长而艰苦的过程，需要长久的努力。

投资另类市场，也需结合自身实际情况，踏踏实实，做好持久坚持的打算，这样才有可能等来爆发的机会。

掌握了大众市场、另类市场和超额收益这三种思维，将有助于我们立体、全面地认识另类市场，为我们个人大量获得财富打好基础。

第五章

用中产阶级的思维积累财富

财富分布：中产阶级在社会中的位置

前段时间，我打算在北京购置房产，于是到处看房。我发现，北京五环内几乎毫无新房，为了找到一个交通方便的位置，我不得不将目标转向二手房。

购买二手房，就得与房东们打交道。在与房东们沟通的过程中，我发现他们有的是干工程的，有的是做信托的，也有的是从事互联网的。他们基本在各自所在的行业积累了一定的资源，也代表了北京这座城市中产阶级的面貌。

然而，中产阶级的生活状况并非一成不变。我同时发现，有的房东或是家庭遭遇变故，或是好逸恶劳，于是不得不靠卖房来维持生活；也有年轻一代，他们踏实肯干，在自己的行业里取得了一定的成就，开始买房置业，成为这座城市中产阶级中的一员。

那么，中产阶级在社会中处于什么位置？我们该以怎样的心态来看待中产阶级所处的位置？为什么中产阶级是社会的大多数？我们又该从哪些角度思考这些问题呢？

财富分布、财富均衡和财富传承这三种财务思维能够帮助我们给出回答。

首先，我们认识一下财富分布的概念。财富分布可以让我们知道一个社会的财富是怎么分配的。接下来我们就来聊聊财富分布的问题。

财富分布

儿时读书时，地理老师告诉我们，我们国家的社会财富结构就像是金字塔，位于塔尖的富裕阶层极少，位于中间位置的中产阶级不多，而位于塔底部分的贫困人口却占据大多数。

地理老师又说，美国的社会财富结构则截然不同，呈橄榄型——中间粗、两头尖，也就是说，绝大多数美国人是中产阶级，而超级有钱的富豪和贫困人口都只是少数。

地理老师表示，美国的社会结构更加稳定，如果我国想要达到同等稳定的状态，就需产生更多的中产阶级，可谓任重而道远。

十多年过去了，世界经济发生了深刻的变化。我国经济持续发展，我国不断强化产业升级和自主创新，目前也已初步形成了橄榄型的社会财富结构，拥有了数量逐渐庞大的中产阶级。反观美国，由于实业正在慢慢流失，社会财富结构从橄榄型逐渐向金字塔型转变。

可能有人会问：我们怎么找准自身的定位，判断自己是否有跻身于中产阶级行列的可能性呢？

首先，我们需要明确一些简单的指标，判断自己财富的多寡。这些指标包括资产总额、存款和收入水平等。

其次，将自己的指标水平与所在的城市乃至全国的平均水平进行对比。如果已经达到平均水平，那么表明你已迈向中产阶级的台阶。

值得注意的是，每个城市对于中产阶级的标准是不同的。对于一二线城市来说，由于房价和物价较高，在同等的资产和收入的情况下，生活压力相较三四线城市会更大。因此，一二线城市中产的标准会比三四线高出一些。

也许有人会追问：社会财富为什么会这样分布呢？要想回答这个问题，就要从财富均衡这个概念说起。

财富均衡，将使我们了解财富在某一个级别会形成一个稳定的均衡状态。下面我们看财富均衡这一思维在实际当中的应用。

财富均衡

我曾和一个游戏创业者聊天，他跟我说起设计一款游戏内经济参数的苦恼。创业者说，无论怎样设计规则，总会有玩家利用规则，将其他玩家远远地甩在身后。时间一久，游戏系统内部就会越来越失衡。有的玩家赚得盆满钵满，而有的玩家始终举步维艰，致使游戏难以为继。

回到现实社会，如果你是一位社会系统的设计师，你心目中的理想情况又是如何的呢？

当然是每个人都跨入中产阶级，过上幸福的小康生活。社会系统中的贫困人口和巨富人口都仅为少数，这样社会的发展才能平稳有序。换言之，社会财富应该是均衡的。

财富均衡，即一个社会的财富结构是平衡而稳定的。尽管每个国家的社会财富结构各不相同，但是绝大多数国家都会援助贫困人口，鼓励富裕阶层承担更多的社会义务。

我国的社会系统同样会引导财富往均衡的方向发展。贫困人口会在学费减免、保障住房和医疗保险等方面得到补助，富裕阶层会缴纳更多的税费，承担更多的社会责任。因此，中产阶级成了社会的主流群体。

那么，我们在追求财富的过程中，应该以怎样的心态看待中产阶级呢？答案是：即便我们赤手空拳，只要按照本书提供的择业、职场和副业的方法论，就有机会实现中产阶级生活。问题是，成为中产阶级之后，是停留在中产阶级，满足于现有生活、安于现状，还是一鼓作气，冲破各种阻力，继续迈向富裕阶层呢?

这个问题没有标准答案，选择完全因人而异。

首先，我们需要了解自己到底想要什么样的生活。

如果你对眼下的生活已经十分满意，当然可以考虑保持这种状态，享受自己的生活；如果你有强烈的欲望，希望生活得更好，那么就应该考虑一个问题：你是否具备足够的能力和耐心去突破中产现状？如果答案是肯定的，那么不妨奋勇向前，朝着自己的目标进发。

当你的财富达到了中产阶级水平以后，财富该如何传承下去，这就需要用到财富传承这一思维。财富传承，帮助我们理解财富的传承关系。借助于这三种思维，我们将深刻地认识中产阶级在社会中的位置，并形成一种客观、理智的心态来看待中产阶级。下面我们就看看财富传承这一思维的实际应用。

财富传承

2019年初，一部讲述创业者故事的纪录片《燃点》上映，其中一位名叫安传东的“90后”创业者的故事，引起了大家的广泛讨论。

安传东是个农民的孩子，却不甘命运的安排，一心想要通过创业实现人生逆袭。他第一次见到投资人时非常紧张，连基本的问题都难以回答清楚。投资人直言不讳，对他的项目并不看好。

安传东没有拿到融资，公司又没有足够的现金流，只得回老家拿老父亲外出打工赚的14.8万元血汗钱给员工发了最后一次工资，之后他的创业项目便宣告失败了。

后来，安传东告诉记者自己当初之所以选择创业的原因——作为农民的孩子，他没有得到父辈的财富传承，他必须靠自己的努力改变命运。不久之后，他又开启了另一个创业项目。

从财富传承的角度来看，安传东确实没有得到父辈的财富传承，但是这也从另一个方面激发了他更大的斗志，同时令很多人对其故事深有感触。

社会财富有时会通过代际进行传承，通常父母辈人会在子女成家立业后，将自己的财富逐步传承给下一代。这样一来，下一代就可以在上一辈给的基础之上，开创自己的生活。

生活中，许多人觉得社会很不公平，原因就在于，一些能力平庸的人因为继承了父母的财富而过上了衣食无忧的生活。那么，我们又该怎么看待这种现象呢?

首先，我们应该认可合理、合法的财富创造活动。

任何人通过自己的勤劳和智慧创造财富，都是正当的；任何人都有权利将自己的财富交由下一代继承，这也是合理的。

其次，我们要看到财富是在代际之间不断传承的。

每一代人都应做好自己的事承担起自己的责任。如果父辈勤劳智慧，而子女却好逸恶劳，即便家财万贯，家族衰落也是不可避免的。反之，即使没有丰厚的家族财富的传承，我们也可以通过自身的努力，不断积累财富，这样不仅能够让自己生活得富足，而且也能为下一代打好基础。

在掌握财富分布、财富均衡和财富传承这三种财务思维之后，你对中产阶级有更深层次的认识了吗？

财富噪点：
稳扎稳打，跃迁你的投资能力

绝大多数人都读过《三国演义》，或者看过相关的影视作品，对其中的许多故事都耳熟能详，对诸葛亮和司马懿这对老对头的故事更是如数家珍。然而，很少有人能将诸葛亮和司马懿的人生进行对比。

诸葛亮，少年天才，智力超群，声名在外。他“草堂春睡足”，引得刘备三顾茅庐，后来平步青云，成为一国宰相。

司马懿，初在曹操手下，而曹操却认为他心术不正而使他始终不被重用；他熬到曹操死后，辅佐曹丕，仍被曹氏提防，抱负难以施展；熬死曹丕，司马懿接着辅佐曹叡，整个司马家族仍被压制；终于熬到曹叡死后，其幼子曹芳继位，司马家方有机会改换门庭。

诸葛亮乍一出道便平步青云，人生如闪电般扶摇直上；司马懿苦熬半生，熬过四代君王方才出头。这两个人的人生可谓截然不同。

国人大多佩服诸葛亮，对于他的成功津津乐道，而对司马懿则不以为然。然而在现代社会，这两种人生路径对于中产阶层而言，哪一种更为可取呢？换言之，你是希望闪电般地上升，还是一步一个脚印的进步呢？

为了回答上述问题，我将会用财富噪点、风险系数和累积周期这三种财务思维来解答。

财富噪点有助于我们理解在财富累积的过程中，出现的一些偏离正常值和超出合理范围的变化，通常表现为财富的大起大落。接下来，我们看财富噪点这一思维如何解答我们的问题。

财富噪点

我曾在北京接触过一个大老板，他的家族财富已经进入全国200强，地位显赫。

他自己并没有什么特殊背景，原本只是一个普通的农民。早期，他开过大型连锁超市，后来赶上移动互联网的浪潮，迅速融资，几年后公司在美国纳斯达克上市。此后，他快速进入国内A股资本市场，直接或者间接地控股了多家上市公司。

可是好景不长，由于资本市场政策收紧，各种融资手段受到限制，他的资金链迅速断裂，整个集团轰然倒塌，他也因此负债累累，跌入人生的谷底。

如果将社会正常的财富起落轨迹画出一条曲线，那么这位大老板的大起大落，就相当于这条曲线上的一个财富噪点。

从财富噪点的角度分析诸葛亮和司马懿的一生，我们可以发现，诸葛亮的人生从一开始便如火箭一般快速飞升，少年得志，封侯拜相，位及人臣——这些就是他人生曲线上的“财富噪点”。反观司马懿，他的人生道路则显得缓慢而平稳，人生少有大起大落——相比诸葛亮，司马懿的“财富噪点”实在少得可怜。

那么，面对财富噪点，我们应该采取什么态度呢？

现代社会，我们不应追求成为财富噪点。财富成长曲线上的噪点，看似风光，实则存在许多不可控的因素。整个社会体系对于个人成为财富噪点而言也具有很多约束。这实际上是一条困难重重的道路，往往会面临来自社会、制度和法律法规等诸多方面的压力。

除了关注财富噪点，对风险系数的认知也非常重要。分析风险系数，我们可以知道在财富累积的过程中各种类型累积方式的风险水平。

风险系数

记得刚进入金融行业时，每当遇到问题时总会向办公室的一位前辈请教。有一次，我们讨论一个问题——在银行看来，企业老板和员工，谁才是更靠谱的借款人？

当时我认为，企业老板肯定比员工更加优质。我们从小接受的教育告诉我们：老板的收入是普通员工的好几百倍呢！

然而前辈却说，在银行方面看来员工才是更靠谱、更优质的借款人。为什么呢？因为员工的收入较为稳定，一般没有什么风险；而老板的收入则会随着企业的经营状况而波动起伏，状况糟糕时甚至连企业都可能面临倒闭。所以在银行看来，老板反而是高危群体。

由此可以看出，老板相对于员工财富累积的风险系数更高。每当经济形势不好或者某个行业处于转型升级的关键时期，企业破产、老板破产的新闻便接连而来。员工的状况则相对稳定得多，我们也极少听到员工因为上班而破产的。

从风险系数的角度分析诸葛亮和司马懿的一生，我们可以发现，诸葛亮从选择了刘备，到后来的举国北伐，一直都处在冒险之中，风险系数可以说是极高的；而司马懿始终小心经营，历经曹操、曹丕、曹叡和曹芳四主，才逐渐掌握军政大权，其生活的风险系数相比诸葛亮显然小得多。最终，蜀灭而晋立，这从某种角度也验证了风险系数高低之下情势的区别。

那么作为现代人，我们在累积财富时又该如何看待风险系数呢?

首先，就大的原则来看，我们应该力图规避风险。同等收益时，尽量选择风险系数低的。

其次，面对高风险、高收益的机会时，必须充分评估自身抗风险的能力，如果自己的能力难以控制风险，就应该避开这类机会。

例如，我所知的北京一家互联网公司，老板想要开辟一块新业务，并给予团队一定的期权激励。一位高管迫不及待地参与其中，结果半年不到项目便宣告失败，这位高管也就此退出公司的核心管理层。

新业务失败率高，这是毋庸置疑的。好不容易巩固的职场地位，如果因为一次错误的冒险而丧失殆尽，未免可惜。因此，面对这类机会，当三思而后行。

当以上两种思维仍不能完全帮你分析自己的人生时，我们还需要看财富的累积周期。分析累积周期，我们就能知道累积财富需要的时间长度。下面我们具体看看累积周期这一思维的应用。

累积周期

我曾接触过一位从事制造业的老板。他是专做汽车刹车片，工厂设在东莞，员工接近800人。

这类制造业企业的技术含量不高，利润极低，赚的都是辛苦钱。所以，这位老板做了大半辈子生意，身价甚至不如北京的一些互联网公司创始人半年内拿到的融资数。

当我为制造业的不易感慨时，老板却对我说了一句让我至今难忘的话。他说："对我而言，做这个工厂，就是一个人，一件事，一辈子。"我在北京见过太多浮躁的创业者，他们经常是打一枪换一个地方，而愿意一辈子做好一件事的企业家却屈指可数，这又怎么能不令人感动呢！

从财富的累积周期来看，这位老板心甘情愿地用一辈子的时间累积财富，而不是浮躁地想要立即获得财富，这本身就有着一种惊人的耐心。

通过对比诸葛亮和司马懿的人生，我们可以发现诸葛亮取得成功速度太快，累积周期很短；司马懿则一直遭到曹氏的提防，隐忍半生方有成就，累积周期漫长。

那么，作为现代人，我们对于财富的累积周期，应该采取怎样的态度呢？

首先，我们必须非常明确地反对不重视财富的累积，反而急切地想要获取财富的态度。

当今社会到处宣扬短时间内实现财富自由的神话，然而事实却是，这类成功几乎寥寥无几，绝大多数成功都来自日复一日的积累。

其次，我们对于自己的人生要有足够的战略定力。

即便我们想要获得更多的财富，也要把获取财富这件事当作持久战来打。只有经过年复一年、持之以恒的努力，我们才有可能在这个时代获得我们想要的成功。

深入理解财富噪点、风险系数和累积周期这三种财务思维之后，你便能看透诸葛亮和司马懿二人截然不同的人生路径，这对于当下的中产阶层也有着一定的启示作用。

负债抗通胀：
房子到底意味着什么

平生第一次买房的情景，让我至今记忆犹新。高大豪华的售楼处，人满为患。一块大屏幕上显示新开的楼盘正在快速清盘。几分钟后，售楼处的大厅里鸦雀无声。整个楼盘都已清盘，人群欢呼起来。

买完房子之后，我的生活发生了一些变化。先是亲朋好友纷纷向我祝贺，祝我乔迁之喜。然后我发现，我的信用卡额度提升了，芝麻信用分也增加了，甚至我在办公室里也更受欢迎了。

我当时不禁在想：房子对我来说到底意味着什么呢？

时隔不久，房价疯涨。我清晰地记得，每月房价总价上涨十万元，给我带来前所未有的刺激。后来，我将这套房子租了出去，工作之外的这笔被动收入的金额也不菲。

房产问题，是一个看似简单而又十分复杂的问题。不论是在小城市安家乐业，还是在大城市奋斗打拼，房产始终是我们绕不开的主题。购买房产，既能改善居住条件，又能获得城市发展的红利。

那么，我们该怎么看待房产和中产阶级的关系？为什么说房产是中产阶级的标配？我们又该如何客观地看待房地产市场呢？

为了回答上述问题，我将引入通货膨胀、财富再分配和负债抗通胀这三种财务思维。

通货膨胀有助于我们理解因货币供给大于产出而导致货币贬值，进而引起物价普遍上涨的现象。下面我们来看通货膨胀这一思维是如何解决实际问题的。

通货膨胀

读大学时，我修的是经济学，课堂上教授讲通货膨胀的概念时提到津巴布韦可怕的通货膨胀。老百姓出去吃饭购物，要抱着一大捆钞票。吃东西的速度要快，慢了可能就会跳价。

对于哪个国家的货币通胀率低这个问题，教授说，澳元通胀率较低。澳洲经济发达且拥有大量矿石资源，经济比较稳定。我立即打电话回家，告诉父亲说："赶紧把家里的存款全部换成澳元！"

后来我才知道，这种做法并不可取。因为国内换取外汇存在额度限制，而且还会产生一定的手续费用，这就容易产生大量成本费。实际上，就算成功地换成澳元，澳元也同样存在通货膨胀问题，难以彻底避免。

现实中，通货膨胀的现象可谓无处不在。发生通胀时，物价会持续上涨。房产作为一种大宗资产，同样会随着通胀而涨价。

那么，我们应该怎样面对通货膨胀带来的房价上涨呢？

首先，我们应该意识到，一个国家的经济只要持续发展，财富不断增加，房价上涨就是大概率事件。大家不妨想一下，我们日常喝的豆浆、饮料，吃的瓜果、蔬菜都在涨价，房价有什么理由不涨呢？

例如日本，1988—2005年，房价下降了67%。如果我们因此觉得日本人一定活得开心，那就大错特错了。实际情况却是，房价下跌只是日本经济停滞的一种表现，年轻人没有好的工作机会，经济开始停止增长，国民收入出现下滑，整个国家都看不到前途和希望。

其次，我们要用更加积极的心态面对房价上涨，而不是一味地抱怨。

在经过择业、职场和副业的累积后，我们应该积极进入房地产市场，主动地了解、分析、认识房地产市场。这样既能提升自己的居住水平，也能享受到城市化发展的红利。即便暂时无法进入某个城市，也可通过购书阅读、网上学习等方式，先行做好相关的知识储备。

当了解了通货膨胀之后，我们来认识财富再分配这一思维，从而知道在初次获得财富后，政府便能于一定程度通过各种渠道实现财富的再次分配，例如个税或者企业所得税等。

财富再分配

网上流传着这样一个段子：北京有两户人家，他们之间的关系既是同事又是朋友，收入水平也相差无几。

其中一家人于2009年全款购买了一套房子，同样有相同财力的另一家人则一直在观望，结果整整拖了10年。这段时间里，北京房价上涨了5倍，原本可以全款买房的资金，现在连首付都不够了。

这个段子以幽默诙谐的方式调侃了那些买房时犹豫不决的人。

从财富再分配的角度看，通货膨胀会导致货币的购买力下降。打个比方来说，相当于从每个人手里“偷”走了一部分财富。

假设你现在手里有100万元，因为通货膨胀，一年后其购买力仅相当于现在的90万元，足足下降了10%。如果你将100万元用来购买房子，情况则截然不同。钱在贬值，房子不会，反而可能会升值。因此，拥有房产便能在通货膨胀的财富再分配的过程中占据有利位置。

此外，税收及其再投入也是一个财富再分配的过程。拥有住房，便能享受城市化发展的红利。

国家收取的税金，其中一部分会投入到城市发展和基础设施建设中，以改善老百姓的居住环境、交通条件等，拥有住房显然比无房者更有近水楼台之利。

那么，我们如何对待整个社会的财富再分配呢？

首先，我们应该肯定财富再分配的必要性和积极意义。

财富再分配的手段多种多样，它着眼于整个国家以及社会诸多层面的均衡发展，对整个社会能够健康、有序地发展有着十分重要的意义。

其次，我们应该尽量让自己处于财富再分配的有利位置。

除了房产，社会福利也是财富再分配的一种手段。社会福利保障了我们基本且必要的生活，包括失业保险、退休金、抚恤金、医疗保险金等。在条件允许的情况下，我们应该积极享有这些社会福利。

财富再分配对社会有着积极的意义，那么通胀来临的时候，我们应该如何应对呢？这就需要分析负债抗通胀思维，我们就能理解在通胀的环境下，利用负债能够抵御通胀带来的财富贬值。

负债抗通胀

我在北京认识一位前辈，他是房产博主，主营业务是房产抵押贷款。前辈对于京城各家银行的抵押贷款方面的操作熟门熟路，服务的客户主要是中产阶级群体。

一次我们一起吃饭，他告诉我一个道理——当我们处在通货膨胀的环境时，也许最好方法就是负债。

何为负债？说白了就是欠银行钱。欠银行钱怎么也不像是一件好事，这与人们的直觉完全相反！事实究竟是怎样的呢？

假设你欠银行100万元，过了一年，100万元的购买力变成90万元。理论上说，你欠银行的债务会随着通货膨胀而减少10万元。除去一年的利息5万元，你反而赚了5万元。

可见，通过低利息负债的方式，不仅能够避免通货膨胀的威胁，而且还可以反过来占通胀的便宜。

那么，我们如何获得低利息负债呢？

首先，购买房产，获取住房按揭贷款。在所有类型的贷款中，个人住房按揭贷款的利息最低、额度最大且期限最长。比如你有100万元，贷款200万元，买了一套300万元的房子。这200万元就是你的负债。200万元负债看似吓人，但是它会随着通货膨胀而不断稀释。

其次，保持个人良好的信用。在现代金融体系里，个人信用非常重要。

最后，学会自律。我们必须将负债控制在自己能够承受的范围以内，不要过度举债。

在掌握通货膨胀、财富再分配和负债抗通胀这三种财务思维之后，你是否初步理解房产对于中产阶级的意义了呢？

周期思维：
了解周期，在节点上做正确的事

我曾看过一个脱口秀节目，一位脱口秀演员说他的妈妈堪称金融投资界的“女魔头”——买什么跌什么。

“女魔头”和几个阿姨一起投资，听说股市特别赚钱，便一窝蜂地涌了上去。结果没过几天，股市大跌，她们全被套牢。

时隔不久，“女魔头”听说P2P（peer to peer，点对点网络借款）投资收益高，又和阿姨们蜂拥而上。前后不到一年的时间，P2P雷潮频爆，她们再次损失惨重。

然而，还没消停几日，“女魔头”就觉得数字货币前景喜人，于是尝试少量买入，待有些收益了便加大仓位，不料突遇2018年初的数字货币断崖式下跌，所投资金几乎全都打了水漂。

最后，脱口秀演员总结说，“女魔头”的节奏把握非常准，总是在泡沫破灭前进去，然后最低点卖出……

看完节目，我们笑归笑，同时也应该意识到周期的重要性。不理解周期，总在周期中踏错节点，买高卖低，投资必然损失惨重。

其实，我们常在新闻、财经媒体上听到“周期”一词。主流经济学认为，经济发展有四个阶段：繁荣、衰退、萧条、回升。这四个阶段周而复始地出现，形成了一个完整的经济周期。可以说，周期存在于经济体的方方面面。

那么，常见的经济周期有哪些？形成周期的原因又是什么？我们又该怎么看待周期呢？

为了回答上述问题，我将引入康波周期、信贷周期和经验主义这三种财务思维。

康波周期让我们知道，商品经济中存在一个为期50～60年的经济周期，在这个周期中，前15年是衰退期；接下来的20年是大量再投资期，经济快速发展；其后10年是过度建设期；过度建设的后果是进入5～10年的混乱期，从而导致下一次的大衰退。接下来我们揭开康波周期的神秘面纱。

康波周期

在中国金融圈里，有一位名声在外的人物。2007年，他成功预测次贷危机；2013年，他提出房地产周期拐点的概念；2015年，他成功地预测了全球资产价格动荡；2015年11月，他预言中国经济将于2016年一季度触底……他就是中信建投首席经济学家周金涛，由于对经济周期深有研究，人称“周期天王”。周金涛有一句至理名言：“人生发财靠康波。”

周金涛口中的“康波”就是康波周期。

康波周期通常为50～60年，大部分人都能完整地经历一次康波周期。周期包括繁荣、衰退、萧条、回升四个阶段，其中繁荣和回升两个阶段，经济向好，赚钱容易，房子、股票等常见资产都会升值。因此，我们为了追求财富，就要学会利用康波周期，并在周期的正确节点上做出正确的选择。

那么，我们应该怎么判断康波周期的节点的位置，并作出正确的投资决策呢?

首先，要了解此时此刻我们所处的康波周期的节点。

诗云：“不识庐山真面目，只缘身在此山中。”身处周期之中，做出正确判断并不容易，很多著名经济学家预测和判断康波周期都曾有过失败的教训。因此，精准地判断节点需要深入的研究和探索。具体来说，可以通过微博关注一些证券行业的知名分析师以及经济学教授的文章，他们对于康波周期的看法往往更为专业。即便无法做出精确判断，通过学习和研究，也能够对康波周期做出模糊的判断，这对我们投资获益也是百利而无一害。

其次，要在康波周期的节点上做正确的事。

简而言之，就是在康波周期的底部买入资产，然后在高点卖出资产。至于买什么资产，股票、基金、信托，抑或是房地产，每一种都是复杂的学问，我们会在后续的章节里具体阐述。

了解完康波周期，我们知道什么时候是正确的投资节点。但要做出正确决策，了解信贷周期这一思维也很重要。分析信贷周期，我们就能了解信贷扩张和收缩带来的经济周期的概念。

信贷周期

雷·达利欧是全球最大的对冲基金——桥水基金的创始人。让他闻名于世的并非是其作为桥水基金创始人的身份，而是他对于信贷周期的研究。而他对于信贷周期的思考，也在不同阶段影响了美国和中国的经济政策的制定。

达利欧认为，人性是贪婪的，喜欢借钱过度消费。总有一天，债务会超过人们的收入水平和承受能力。一旦出现这种情况，政府和央行会调节利率以熨平经济波动。但长此以往，利率调节终会失效。继而政府会出台一系列政策，如债务重组、削减支出、财富再分配、央行印钱等等。而这些政策又会进一步导致经济波动，形成信贷周期。

抛除专业术语和复杂概念，简而言之，信贷周期就是因为人们借钱负债的扩张和收缩而带来的经济周期。

那么，我们应该怎么应对信贷周期呢？

首先，我们应该提升自己的能力，提高自己的收入水平。

收入水平决定了我们的偿债能力。收入提高了，债务的压力就会降低。那么，怎么提升自己的收入呢？此前我们已经阐述了有关择业、职场和副业的财务思维，之后我们会进一步讲述相关的方法论。

其次，我们应该把负债控制在合理的范围内。

负债所付利息不要超过家庭收入的50%，坚持这一原则，我们就能在利用负债的同时又不至于为负债所伤。

最后，保留部分现金以备不时之需。进入信贷周期的尾声，市场会高度缺钱，此时保留部分现金，不仅能让我们的资金流更加安全，而且当市场发展处于底部时，也有利于我们抓住好的投资机会。

掌握正确投资决策，除了上述两种思维，经验主义的认识也必不可少。经验主义让我们能够了解把感性经验作为唯一的知识来源的方法论，同时理解这种方法论的局限性。

经验主义

以前欧洲人坚定不移地认为，天鹅都是白色的——确实，欧洲人见到的天鹅都是白色的。可是后来，人们在澳大利亚发现了黑色羽毛的天鹅，欧洲人“天鹅都是白色的”的信念崩溃了。

“黑天鹅”显示着不可预测的重大、罕见的事件，出乎人们意料。人们总是过度相信经验，而轻视“黑天鹅”的风险。

我国古代也有刻舟求剑的故事。楚国人的佩剑掉到了江里，他却在船帮上刻记号，说：“我的剑就是从这儿掉下去的。”船靠岸后，他顺着船上的记号下水寻找，自然不可能找得到他丢失的佩剑。

“刻舟”是楚国人依据经验行事的表现，他忽视了水流和位置的变化，这种脱离实际的经验终归会失效。

黑天鹅和刻舟求剑的故事，都说明了经验主义的局限性。

康波周期和信贷周期都是经过历史检验的经验，其科学性自是不言而喻，然而我们也应看到它的局限性。

那么，我们应该怎么对待历史经验呢？

首先，我们要充分地意识到，条件在不断变化，历史经验不一定奏效。例如2008年的次贷危机，就超出了主流经济学家的预期。

其次，我们要知道，奏效时间越久的经验，往往更加牢靠。例如公鸡不能生蛋、太阳不会从西边出来等经验，经过几千年的验证，已在生物科学和航天科技领域被证实为正确的科学规律。也就是说，越长时间段里被验证正确的周期规律越可靠。

了解了康波周期、信贷周期和经验主义这三种财务思维之后，相信你已对经济周期已有了一个清晰的认知。

针刺效应：对抗黑天鹅事件的关键

近来，媒体上有关中产阶级陷入焦虑的声音不绝于耳。

房价上涨，想买房接父母同住，却买不起了，焦虑；房价下跌，手里的资产贬值了，也焦虑。

孩子学习成绩差，担心孩子没有好的未来，焦虑；孩子天赋异禀，又害怕孩子长大了远走高飞，无人养老，也焦虑。

父母住在老家无法照顾，心里难受，担心自己不能尽孝，焦虑；父母来了同住，又常常因为生活中的各种琐事闹得不开心，还是焦虑。

……

中产阶级家庭，似乎活得比小康家庭还要焦虑。

中产阶级为什么这么容易焦虑？中产阶级家庭的脆弱性体现在哪里？中产阶层的局限性又来自哪里？

为了回答上述问题，我将引入阶级滑落、针刺效应两种财务思维。

分析阶层滑落，我们就能知道教育、健康、事业和投资等原因会造成阶层的下滑。下面我们就来分析中产阶层如何避免阶级滑落的问题。

阶级滑落

电视剧《小欢喜》讲述了普通家庭的教育经历，同时也反映了当今很多家庭存在的亲子问题和教育问题，令很多父母感同身受。

剧中人物之一——方一凡，平时喜欢恶作剧，在学校打架，“送”小乌龟给老师，成绩全班垫底……虽然已是高三，但是仍然不务正业，整天无心学习，妈妈对此无可奈何。

一天晚上，妈妈语重心长地告诉方一凡，爸爸妈妈只是普通的中产阶级，如果他不能考入一所好大学，不仅父母给不了他有力的支持，而且全家人都会被他拖累。

至此，方一凡终于幡然醒悟，于是答应妈妈，一定要努力学习，好好准备高考。

剧中，方一凡出生在北京的一个中产阶级家庭，对于很多这样的家庭，如果孩子的教育失败，那么其很可能会失去立足社会的能力，不仅如此，他们还会耗尽父母一辈子的财富累积，致使整个家族出现阶层滑落的问题。

由于中产阶层自身的财富累积和社会资源相对有限，所以，一旦在教育、健康、事业和投资方面出现失误，很可能会导致阶层滑落。

那么，我们应该怎么避免阶层滑落呢？最关键的就是避免踩坑。

中产阶级家庭可能遭遇的“坑”主要包括对下一代教育的失败、家庭的主心骨在事业上出现“滑铁卢”、家人突发健康问题以及投资失败等。

针对这些隐患，我们应该提前预防，提前规划好下一代的教育之路，尽可能选择职业周期长的事业，家庭核心成员积极购买医疗保险，主动学习和掌握投资知识等。

阶层滑落思维能够让中产阶级人士避免入坑，但是针刺效应也是中产阶层的一大局限。针刺效应让我们明白，企业或者个人的资金流需求会突然由于某些特殊原因出现剧烈增长，然后再次回归，于是在资金流曲线上形成一根突兀的针。下面我们就来聊聊针刺效应。

针刺效应

2018年春节前后，一篇名为《流感下的北京中年》的文章在网上引起了不少人的关注。作者是一位来自北京的中产阶级人士，在这篇文章中，他记述了岳父从流行感冒到肺炎、ICU（Intensive Care Unit，重症加强护理病房）、插管、人工肺，直到最后去世的短短一个月的经过。

这个中产家庭原本过得十分美满。东北老家置有房产，北京也已购房。岳父岳母帮忙带孩子，丈夫在事业上小有所成，妻子贤惠体贴，全家人幸福地生活在一起。

然而，一场突如其来的变故却打破了这个中产家庭的幸福与安宁——当岳父经历了住院、转院、ICU病房等一通折腾与折磨后，这个中产家庭也几乎被拖垮。

在这段时间里所产生的各种医疗费用中，ICU病房的花销最大——一天就将近两万元。但是就算这家人卖掉所有的理财产品，再凑上现金，也仅能支撑40天。岳父的病重，以及巨大的经济压力，让这个中产家庭瞬间负担了不能承受之重。

中产阶级家庭在没有变故时，现金流一般比较稳定，收入足以满足各项支出，甚至还有盈余，然而，一旦遭遇变故，比如家人生病，现金流就会出现针刺效应——家庭资金需求快速增长。类似的突发事件会直接导致家庭现金流出现断裂，于是他们不得不变卖资产，甚至使整个家庭走向崩溃。

那么，我们应该怎么抵御现金流针刺效应呢？

首先，我们应该预防现金流针刺效应的出现。

购买健康医疗保险是最为有效的办法。即便突遇变故，保费能够防止现金流针刺效应的出现。

其次，我们应该留足高流动性资产。

高流动性资产包括城市中心地带的小型房产、货币基金等，这些资产必要时能够快速变现，从而补充现金流的不足。

第六章

你无法回避的逆袭致富机会

RENSHENGJINGJIXUE

RENREN YONGDESHANG DE CAIWU SIWEIKE

人生经济学：

人人都用得上的财务思维课

科学创业：走出创业致贫的普遍现象

2018年元旦，我组织一群投资人进行了一次长途旅行。一行人驱车千里，一路把酒言欢。途中我们聊起过去一年里见过的创业者及其经历，发现绝大多数创业者都会以失败告终，非但没有做成事业、获得财富，反而白白蹉跎了时间、浪费了资源。

旅行回来，一股创作的冲动在我的心头涌动，却迟迟难以付诸文字。

“创业致贫系列”便是我计划创作的内容。这一想法正源于这次旅行。通过大家的所见所闻以及我自己的耳闻目睹，我意识到，年轻的创业者正在创业失败的道路上越走越远，并非生意亏钱那么简单，他们的思维深受理想主义的束缚。对于他们而言，“坚持不懈”将大概率消耗掉父母积攒一辈子的养老钱，甚至毁掉自己的生活。

为什么会是这种结局呢？我只能说，科学创业尚未普及。具体说，就是适合我国复杂国情的科学创业还没有得到普及。

科学创业的思想，是保障创业成功的基础。

我们应该如何认识科学创业的重要性？为什么大部分创业都无法致富？整个创业生态的背后又有哪些规则呢？

创业致贫、浪费生态、科学创业这三种财务思维能够帮助我们回答上述问题。

首先，我们需要了解一下创业致贫的概念。通过认识创业致贫，我们将深刻地意识到，绝大多数创业者并没有因为创业而变得富有，反而因为创业变得更加贫困。下面我们来聊聊创业致贫，它可以更好地帮助我们认识科学创业。

创业致贫

"'90后'CEO搞普惠金融，年入1亿元！"

"大学生放弃50万年薪，创业估值达5亿元！"

……

在各类媒体上，类似上述标题的创业新闻可以说是比比皆是，乍看，不免让人以为创业成功似乎是轻而易举之事。于是，不少大学生激动万分地拿着父母辛苦大半辈子的积蓄头脑发热地去创业，结果往往是一败涂地。

然而现实却是，即便确有成功的案例，也是屈指可数。可以说，在这件事情上，媒体负有不可推卸的责任，它们对于创业的报道实在有失偏颇，完全忽视了现实大概率的结果——创业致贫。

为什么我们在媒体上看到的新闻和真实情况总是大相径庭呢？因为媒体只是向读者呈现了一个渴望看到的创业“成功场景”，通过满足读者的内心需求来获利，它们可不负责告诉读者事情的真相。

的确，很多事实也证明了这一点，我所看到的与媒体宣传的往往截然不同——

大量创业团队因主营业务盈利模式不成立，只得靠信用卡套现来度日；2017年，大量现金贷创业者匆匆入场，然而一个政策下来，大都是阵营自溃；2017年末，大量贷款倒流导致创业者大幅亏损，黯然离场；大量创业公司由于业绩不佳，连房租、水电费支出都难以付出；大量草根民宿创业者就算倾家荡产，财务状况仍旧陷入了死胡同；40岁的成功人士，因为创业倾尽家财，最终陷入创业返贫的困境；某机构投资人说，他们投资的某共享单车品牌赔了投资人数亿元，就连CEO都沦落到给公司打杂……

现在我来告诉你一个事实：在互联网领域，创业致贫其实是一个很普遍的现象！

那么，我们应该怎样面对创业致贫现象呢？

首先，我们要认清事实，抛弃幻想。

绝大多数创业都是不挣钱的，很可能会以失败收场。我们要清醒地认识到我们在创业市场上面对的风险。

其次，我们应该认真地研究失败案例，从中吸取教训。

创业过程中，可谓坑坑相连，套路频现。认真研究这些坑和套路，就能从中汲取失败的教训，避免踩坑，绕过套路。

当我们知道创业致贫的失败经验后，还需要了解创业的生态环境。这就要用到另外一个思维——浪费生态。通过了解浪费生态的概念，我们就能知道，巨大而混乱的创业生态导致了低效和浪费，我们需要对其加以改良。

浪费生态

我先做个假设：一位年轻的创业者，从四川老家来到北京创业。他需要注册公司、租办公室。与此同时，他可能还需要参加各种创业投资论坛，甚至参加创业培训。如果人手不够，他还要使用第三方招聘平台招聘员工。

后来，产品好不容易上线，又立即迎来了一大波流量公司、品牌推广公司的合作项目。为了配合工商监管，他又得将与业务无关的财务记账事务外包出去。几个月后，公司业务发展不利，融资不畅，创业者关门大吉。

也许有人会问："那么，创业者的原始资本去哪儿了？"事实上，除了发放员工的工资，创业者还养活了大量的代理注册公司、物业公司、代理记账公司、活动组织机构、"孵化器"、品牌推广机构、流量公司、创业培训机构、第三方招聘平台，等等。

也许又有人会说："创业者如此不易，这些公司和机构还好意思挣创业者的钱？！"

从某种角度来看，事实正好相反，创业者最大的贡献可能恰恰是为上文提到的公司和机构贡献了收入，提供了大量的工作岗位。

日复一日，年复一年，这些公司和机构不断吞食着创业者本就不多的资本，它们见证着一波又一波的创业者来到北京，又黯然离开北京。

就一位普通的创业者来说，通常初始设定其拥有少量的资本、人力和营业面积。如果创业者无法为这些资本、人力和营业面积选择正确的创业方向并利用其合理地运营，我们就可以说，这其实就是对创业资源的浪费。

资源没有实现最优配置就是浪费。显而易见，致贫的创业导致了巨大而惊人的浪费。

当然，创新业务带来的风险试错也并非毫无价值，对此我们应该秉持客观、公正的态度。多数创业致贫案例显示出，创新的试错成本并不太高，倒是盲目从众创业失败的例子居多。

那么，我们应该如何应对创业生态中的巨大浪费呢？

答案是：理性对待浪费，即避免浪费。

具体而言就是，用最小的成本为产品试错——用最少的人力打磨产品，测试产品；不急于推广，不急于注册公司，而是利用好现有的人脉资源；等到产品的营收模型成熟后再注册公司，并配套相关的设施和服务，从而一点点地扩大规模。

对于一个创业人来说，了解了以上两种思维能够避免你走弯路，更重要的是应该科学创业。掌握科学创业的思维，我们就能系统地了解创业的科学方法，避免创业致贫。

科学创业

一次，一位创业的朋友告诉我，她读研究生时便开始创业，那些年过得非常辛苦。创业多年后，她发现北京的新房均价已经突破5万，而自己因为一直创业至今单身，这时她才意识到自己没有在合适的年龄找到合适的另一半……

还有一次，我前去协调一家公司的事务，晚上和公司的CEO促膝长谈。CEO说自己太累、太不容易。他告诉我，一天下来腰背酸痛，几乎难以坚持……

与此同时，创业圈不时传来某某CEO猝死或者高管劳累住院的新闻。我所见过的创业者，大多由于创业致使身体健康不如人意，熬夜、饮食不规律、焦虑、工作超高强度等都在肆无忌惮地侵蚀着创业者的身心。

创业致贫的不良后果如此严重，促使我们必须深知科学创业的重要性。

那么，我们到底该如何科学创业呢？

选择合适的创业领域最为重要。当前，创业机会集中于技术创新领域，尤其是针对传统行业进行的改造优化的技术创新领域。

掌握了创业致贫、浪费生态、科学创业这三种财务思维，你便能立体而全面地认识创业，以最小的风险获得最大的收益。

三种创业类型：高效创业不踩坑

我曾在网络社区做过一个调研，发现许多朋友都想了解创业的知识。有不少人问我：一个没有背景，只有智慧和能力的年轻人该如何成就一番事业？

关于这个问题，无数媒体文章洋洋洒洒地写过，也做过诸多总结。可是，年轻人看后却都直摇头，在他们看来，给出的条条道路皆走不通。

下面我们就来聊聊过去10年媒体所说的三种事业类型——技术型创业、资源型创业、资本型创业。深入理解它们，才能深刻地把握创业的基本面。

那么，如何理解这三种创业类型呢？

首先，我们来了解技术型创业，我们能掌握具有领先优势的技术转变为商业行为的创业思路。下面我们就来看看技术型创业在实际操作当中的运用。

技术型创业

我大学时有一位同院系的学长，堪称“技术大牛”，他在大学阶段就已开发出一个简历筛选系统。这套系统的准确率不低于人工，筛选效率极高。经几个本地企业测试成功后，他将这一系统卖给了IBM（International Business Machines Corporation，国际商业机器公司），赚了200万美元。

像这位学长一样，如果你拥有某种别人不具备的技术，你便拥有了独特的技术壁垒，你基于这种技术壁垒从事的事业就叫技术型事业。

类似技术并不鲜见。大疆创新科技创始人汪滔基于自己毕业设计无人机项目的经历，储备学习了大量无人机技术，而后又基于这些技术，创立了消费级无人机领军企业——大疆。

需要说明的是，技术型事业并不局限于IT或者互联网领域。如果你的厨艺高超，以此在使馆街开了一家意大利餐厅，全北京几乎无人能敌，那么你同样开创了属于自己的技术型事业，从而能够赚得盆满钵满。

那么，是否拥有技术就一定能创业呢？技术型创业需要注意哪些问题呢？

首先，我们应该意识到，不是每项技术都能大量变现。

如果你发明了某项技术，能够解决交通拥堵的问题，或者可以治疗癌症，全世界对此都求之不得，那么想不成就事业都难。

当然，也有技术价值单一的时候。例如日本的拧毛巾技术。日本有位“寿司之神”，其学徒前10年都在学习怎么拧毛巾。虽然他毛巾拧得很好，客人也确实用得舒服，但是这项技术的格局实在是太小——谁愿意一辈子给别人拧毛巾呢？

其次，不是每个年轻人都有技术。实际上，绝大部分年轻人都没有技术，连编程都不会，遑论做技术型事业。

那么，年轻人是否都该学习和掌握某种技术呢？这样做并无不可，只是风险太高。假设你需要10年的时间发明一项技术——不论是生物、机械领域还是化工、计算机领域。10年过去了，你所钻研的技术终有所成，可是还具备商用价值吗？即便有价值，也是低概率事件。因此，技术型事业获取成功注定与绝大多数年轻人无缘。

分析完技术型创业，我们再来看看资源型创业的概念。分析资源型创业，我们就能知道基于独特的商业资源实现商业化发展的创业思路。

资源型创业

我的老家有一个市政工程改造的项目，这个项目承包给了我的一个高中学长。很多人可能会想：能够拿到市政项目承包权的人肯定是非常优秀！

然而事实恰恰相反，这位学长从高中开始便无意学习，喝酒、抽烟无所不为，整日带着女友四处玩乐——这样一个人，怎么可能拿到市政项目的承包权呢？答案非常简单：他的家族长期承包政府项目，父母人脉资源强大。他在拿到承包权之后，甚至不会组建工程队，全程由父母“护航”，自己根本没花什么力气……

这就是典型的资源型创业。假如没有相关人脉资源，根本无法涉足。

无独有偶，有一次我去深圳考察了一个金融项目，该项目与某大型石油化工单位合作，能够拿到内部的采购价格，相比市场价具有明显的优势——这得有多么深厚的背景啊！对此，我不得不肃然起敬。

那么，是否拥有核心的资源就能创业呢？资源型创业需要注意哪些问题呢？

答案是：保持资源的稳定性更为重要。

我认识一个“90后”创业者，由于父亲的人脉关系，他能够从银行拿到低息贷款，顺风顺水地做起了消费贷款业务。然而两年后，公司却难以为继。这是为什么呢？因为他的父亲出现工作上的变动，无法维持之前的人脉关系了。

至此我们可以做一个简单的总结：尽管资源型创业存在稳定性和持续性的问题，但是也能带来巨大的竞争优势和难得的启动资源。年轻人若是拥有相关资源，一定要好好利用。

如果以上两种创业类型不能完全帮助你理解创业类型，那么我们来看看资本型创业。理解资本型创业，我们将认识到资本对创业活动的决定性作用。

资本型创业

小时候看过一张漫画，描绘的是美国国会的场景——议员们忙碌地开着会，在他们身后站着高大而肥硕的资本家。漫画表达的含义是，美国国会政客们的言行反映的其实是资本家的意志。从某种角度来看，其实就是资本的力量。

反观当下国内的创业生态，资本也是最为重要的力量之一。至少就资本型创业而言，资本的作用远大于人力。

很多年轻人容易犯的一个错误就是意识不到资本的巨大作用。那么，什么是资本型创业呢？

资本型创业的典型代表就是滴滴和ofo（ofo sharing bicycles，无桩共享单车平台）。滴滴是一个打车平台，资本方手持百倍的资本，观察滴滴和ofo。从某种角度看，问题的关键已不在于滴滴和ofo谁更优秀，而在于资本家选择了谁。

手持百倍资本，只需利用好获得的资本，疯狂补贴，低价倾销，无须其他高超的能力、技巧或者魄力，任何一个具备正常素质的创始人都能赢。

ofo则是一个反面的典型。早期，资本支持戴威（ofo创始人），后来资本抛弃了ofo。结果本不盈利的ofo欠下了大量债务，在失去资本支持之后，结局已不言而喻。

特斯拉、各种人工智能以及新零售企业等，都属于资本型创业企业。他们多数财务情况都很糟糕，甚至恶劣到荒诞的程度，但是由于能持续得到资本的加持，目前依然活得有滋有味。

那么，年轻人是否应该开启资本型创业呢？如果你是资本方，你会选择一个默默无名的年轻人吗？

首先，我们必须意识到投资圈其实很小，小到行业头部资本方坐下来聊一聊便可以决定行业的走向。

因此，年轻的创业者应该多与投资圈人士走动，不管此时对方投资不投资，先结交人脉，混个脸熟，总归是不会错的。例如投资圈流行打德州扑克，对于年轻人而言，这就是认识投资圈朋友的一种好方法。

其次，投资圈青睐具有优秀学历背景的年轻人。

资本圈大多被顶级海归以及具有清北、三大互联网公司系统背景的人所把控，他们自然也有自己的偏好，同为海归或者具有清北、三大互联网公司系统背景的创业者更受青睐。如果你毕业于斯坦福大学，获得支持的概率将远远大于学历背景普通的创业者。因此，对于创业者而言，必须注重学历背景的积累。

至此，相信你已对技术型创业、资源型创业和资本型创业有了充分的了解。那么，你找到适合自己的创业类型了吗？

智商税：如何避免信息焦虑时代的智商陷阱

2015年，市场上有关O2O（Online To Offine，即在线离线商务模式）的宣传如雨后春笋一般涌现，几乎所有媒体都争相报道，O2O领域的机会何其多。于是一夜之间，上门洗脚、上门按摩、上门配眼镜和上门美甲等服务纷纷登场。大量创业者未经深入思考便一窝蜂地盲目入场，致使创业致贫的案例比比皆是。

一年之后，VR（Virtual Reality，即虚拟现实技术）的概念又火了起来，不少创业者再次选择盲目相信，不约而同地转型，开发VR设备、软件、系统和内容平台。然而，两年过去了，大部分VR企业的经营状况却十分令人堪忧。

每隔一段时间，媒体、专家甚至经济学家都会告诉创业者，某某领域前景可期，甚至渲染那是不干一场就会对不起人生的大好机遇。在各方的鼓动之下，一时间好不热闹，带动了一大批不明就里的创业者飞蛾扑火般地蜂拥而至。

结果，媒体、专家、经济学家又轻而易举地挣走了稿费、出场费、点击量，而盲目相信的创业者却纷纷入坑，体会到了什么是“智商税”。

“智商税”其实就是在复杂的创业活动中，由于创业者对商业环境和自我认知存在一定的偏差而导致的损失。

值得一提的是，在我所经历的案例中，创业过程中交“智商税”的人大多思维敏捷、能力出众，而我个人也并不以交“智商税”为耻。我认为，通过交“智商税”，意识到这些问题，进而修正自己的错误认知，才是最重要的。因此从某种角度来说，创业是一个不可避免的需要交“智商税”的过程，我们需要做的是不断提升自己的认知，少交“智商税”。

那么，我们应该怎么认识“智商税”？为什么会频繁出现创业者交纳“智商税”的现象？典型的“智商税”又有哪些呢？

为了回答上述问题，我将引入智商税、丛林社会和财富观这三种财务思维。

“智商税”

很多人或多或少都听过这样一种说法，即一些人的心理年龄比实际年龄要大，有的甚至大几十岁。我在读书时，几乎问过身边所有的同龄人，他们都不约而同地认为自己的心理年龄大于实际年龄。

当时我想，大多数人的心理年龄比实际年龄大，显然是不可能的。我的推理逻辑是，由于存在某种认知上的偏差，他们都错误地认为自己的心理年龄超过了实际年龄。

放到当下，如果将这种认知偏差放大，人们就会普遍认为自己比大部分人优秀。比如，一份问卷调查显示，90%的人认为自己的智商高于平均值，90%的人认为自己的驾驶技术超过平均水平。这是多么主观的认知偏差啊！

我们都知道TMT[Technology（科技）、Media（媒体）和Telecom（通信）]行业有个“二八定律”，即20%的赢家几乎通吃市场，而其他80%的人大多会创业致贫。然而，现实往往更为残酷，现在很多主流科技行业的集中趋势比以往更加可怕，不是20%，而是2%甚至1%的企业才有机会生存。

2012年“千团大战”，全国5000多家团购公司一拥而上，如今幸存者几何？2015年，打车软件疯狂火拼，至今留下几个？2016年，多家共享单车诞生并获得大量的风险投资，现在活下的有几家？

既然创业失败的比例如此之高，为何创业者依然络绎不绝呢？原因就在于，几乎所有的创业者都信心满满地认为，自己属于1%的成功者——这就是“智商税”！

“智商税”来自认知偏差，而认知偏差几乎人人都有，有时甚至整个民族在某个特定的领域也会产生认知偏差。例如，全世界大部分民族（犹太民族大概是唯一的例外了）对于利息的认知都是不充分的，即便进入当下金融业极为普及的年代，仍然认为利息是邪恶的，放贷收息是坏人所为。

虽然我国市场经济的发展已有数十年，互联网经济的发展兴盛也有十余年，但是很多文化传承下来的根深蒂固的认知偏差依然体现于创业活动中，比如过分强调坚持、坚韧，缺乏“止损”的观念。

既然“智商税”的现象如此普遍，那么我们应该怎么做才能避开信息时代的智商陷阱呢？

首先，我们应该充分听取不同的观点。

兼听则明，充分了解不同的人思考问题的角度，可以有效地防止自己交纳“智商税”；偏听则暗，一个人思考问题的角度毕竟有限，而“智商税”往往发生于意想不到的角度。现今，很多成功的企业家的身边总有几个信得过的高管帮着出谋划策；古代，帝王将相行军打仗，势必会带上几个信得过的谋士，道理正在于此。

其次，我们应该对自己的历史错误进行总结、反省。

每一次失误都是一个交纳“智商税”的过程。充分总结自己的失误，保证不再犯同样的错误，就能有效地避免“智商税”的问题。

创业者在避开“智商税”后，还需要知道创业环境的艰难。这里要说的也就是丛林社会概念，理解了丛林社会，我们就能看到除了文明之外，社会竞争中物竞天择、弱肉强食的一面。

丛林社会

有一位奥运长跑冠军，一次逛街时发现一个小偷盗窃了一位女士的钱包。冠军追赶过去，小偷应声便跑。冠军以为自己必能追上小偷，谁知小偷越跑越快，转眼没了踪影。

奥运长跑冠军为什么跑不赢小偷？

长跑冠军接受的训练可能是世界上最为专业的，竞争环境也相对公平、简单：统一规格的跑鞋、跑道，公平、公正的裁判，极其简单的游戏规则——以最短的时间跑到终点即可。

然而来到街上，却是一番商贩云集、人头攒动、熙熙攘攘、岔道层出不穷的景象。在这种“复杂”环境下，长跑冠军相比小偷而言几乎没有任何优势可言。

这个故事很能说明一些道理。

我接触的创业者主要有两类，都堪称优秀：其一，优秀学校出身，或是名校海归，具有清北、985或211等名牌大学的背景；其二，名企高管出身，是银行、券商、保险、三大互联网公司高管等。我发现，成功的人总有策略依赖，而忽视了所处环境的转变。

我将在学生时代竞争取胜的策略叫学生策略，把在企业中竞争取胜的策略叫企业策略。创业者掌握学生策略或者企业策略，然后进入了创业的丛林，结果将会怎样？答案是：将会交“智商税”。

一旦开始创业，我们便脱离了标准跑道，离开了公平公正、规则简单的环境，如奥运长跑冠军一样来到熙熙攘攘的街头；同时，如泰国电影《天才枪手》里出现一群依靠作弊取得高分的“作弊者”与你一起涌入市场。虽然我本人反对作弊，但是在真实的市场环境里，“作弊者”不在少数。显而易见，你在今后的创业活动中会或明或暗地吃亏。

那么，我们应该怎样适应具有丛林法则的创业生态环境呢？

首先，我们应该理解游戏规则的多元化。

创业不是职场绩效指标、不是学校考试、不是赛跑，取胜并非只有一条路。取胜规则是多元化的，在漫长的商业活动中，已经演变出丰富多样的竞争手段，我们需要对此做好准备。

其次，我们必须建立属于自己的核心壁垒。

有了属于自己企业的核心壁垒，持续为市场创造价值，就能以不变应万变，稳坐钓鱼台。

除了以上两种思维，我们还应该从认知层面了解财富观。了解财富观，我们就能知道人们对于财富价值的理解和认识，这对我们人生的进步是极为重要的。

财富观

“我有个梦想，想要解决XX问题。”

“我创业是有社会责任感的，是为了广大承受XX之苦的人群。”

“年轻人创业不要总想着挣钱！”

……

创业市场上诸如此类的“高大上”的论调不在少数。

每个创业者都有装点自己的需求，特别是已为公众熟知的成功者。他们发出类似的声音，多为提升自己的形象，而隐藏其内心的真实想法，可能是为了避免年轻的竞争者拿到成功的钥匙。

真实的创业生态是一种丛林生态，有“老虎”、有“狮子”、有“狐狸”，也有“兔子”。如果你是“狐狸”，你会不会忽悠“兔子”把门打开？如果你是股市庄家，你会不会放过那些没有基础投资能力的“韭菜”？

我所认识的成功的CEO们，他们大多对赚钱抱有强烈的欲望，远非在媒体上表现得那般清心寡欲，或是冠冕堂皇地为了解决社会问题而创业。因为，创业是以公司为组织结构不停追求盈利的活动。

因此，我要给创业者一把真正的钥匙：起步阶段的创业者，最重要的是挣钱、挣钱、挣钱！

那么，我们应该怎么面对创业需要挣钱这件事呢？

我认为，创业者，尤其是刚刚起步的创业者，不仅要琢磨怎么挣钱，而且要日日琢磨、夜夜琢磨挣钱的方法论。

在马斯洛需求层次模型中，排在最下方的是生理需求，主要表现为物质需求，最上方才是自我实现的需求。创业者进入起步阶段后，为了创业而牺牲个人生活，甚至无法照顾家庭，只有挣到超额的财富才能弥补自己的损失。

不仅如此，尽早挣到第一桶金对于年轻的创业者而言尤其重要，而且第一桶金越早挣到越好，越多越好，这样才能改变人生。我认为，创业者只有获得成功，拥有足够的资本，才能更好地解决社会问题，为社会做出更大的贡献。

掌握了智商税、丛林社会和财富观这三种财务思维之后，相信你已对创业活动中交纳“智商税”的现象有了深入的了解，希望你通过学习，在今后的创业活动中有所收获。

反脆弱：
提升胜率的第四类创业项目

我从事风险投资多年，每遇到有缘的年轻创业者，都会问对方一个问题：假设我给你一个亿，你是拿去做事业，还是去澳门赌场猜一把大小？如果你失败了，我不会让你还钱；如果你成功了，我会连本带利地要回我的钱。

绝大部分创业者都会拍着胸脯保证，自己一定会把钱拿去创业，把事业做大做强——我可是做事业的人！竟无一人领悟我当初提问的用意。下面，我如实地告诉大家答案。

亮出答案之前，我们先来做一个模拟推演。你拿着我的一个亿去做事业，潜在收益是50倍，成功率为2%，耗时5~10年；你拿着我的一个亿去澳门赌场猜一把大小，潜在收益是两倍，成功率为50%，耗时仅一瞬间。

无数媒体告诉你：不要投机，要踏踏实实地做事业。可是我想告诉你的是：那些所谓的“高大上的事业”，其成功率远低于去澳门猜一把大小的成功率。然而对于年轻人来说，从成功的概率来看，绝大部分创业的收益远不如去澳门猜一把大小的收益，耗费5~10年的青春博一个小概率事件——你无法像职业投资人那样投资100个项目累积概率——前景多么渺茫，结局可想而知。

听到这个答案，你有感到震惊吗?

为了回答上述问题，我们有必要引入第四类创业——高胜率型创业的概念。它与我们此前谈到的技术型创业、资源型创业和资本型创业截然不同。

那么作为普通人，我们应该怎么提升自己的创业收益率呢？如果以小博大型创业能够增加收益，我们应该怎么认识高胜率型创业呢?

为此，我将引入赔率、胜率和反脆弱这三种财务思维。

分析赔率，我们就能科学而理性地知道，一旦做成某个创业项目，相对于自己的付出将能得到多少收益。下面我们就来聊聊赔率在创业中的重要性。

赔率

我的一个学长创业时选择的是餐饮连锁项目，专门销售甜品。他在经营的时候，掌握了一道甜品秘方，第一家店生意非常红火，他便顺时而动，仅用了两三年的工夫，就陆续开了6

家分店。

可是3年之后，他发现门店的规模再也无法扩大。如果找不到可靠的店长亲力亲为，新店基本上是开一家亏一家。一年之后，他将品牌和店面全部卖掉，共计300万元。与合伙人和店长们一分，自己到手不过100万元。100万元，以他的学历，还不如打工挣得多呢！

无独有偶，我有一个福建的朋友，创业做微信小游戏。刚开始他制作了很多微信内部可以打开的网页游戏，有斗地主、德州扑克、打麻将等。然后，他将这些游戏聚集起来，又拉上同行老乡的游戏作品，搭建了一个小游戏平台。后来，这个平台的发展进入了瓶颈期，他和另外一个合伙人协商将平台转给一家做小程序的公司，卖了100万元。

两人将钱一分以后，都感叹创业还不如回福建老家打工呢！

上述两个案例中，创业项目的赔率都很低。创业艰苦，需要投入远超打工的时间和精力，如果事情做成了都赚不到多少钱，那就真不如打工来得实在。因此，创业时务必选择赔率高的方向，否则还不如踏踏实实地打工。

那么，怎么才能找到高赔率的创业方向呢？

首先，市场规模要大，最好超过10亿美元。

例如，路边摆摊就不如打工，因为天花板太低，赔率太低。如果盖房的话，天花板就高，赔率也大，因为房子是老百姓都需要的产品。

其次，确保所选方向可行，存在市场需求。

例如，盖房是为了解决人们的居住需求，这种需求看得见、摸得着，市场需求自然旺盛。反观，有人创业专门制作莫名其妙的社交产品，比如帮助两个学习葡萄牙语的年轻人相互认识，这种需求几乎可以忽略不计，结局可想而知。

赔率可以帮助我们科学分析自己的付出和收益，而胜率有助于我们科学而理性地判断自己做成某个创业项目的概率究竟有多大。接下来，我们看看实际创业当中如何运用胜率思维。

胜率

数年前我在一家基金公司工作，该公司有个内部规矩——只投资“赛道”内最优秀的团队。没错，只投资一个团队，而且是最优秀的团队，其他人没有一丁点儿机会。如果最优秀的团队的融资已经结束怎么办？答案是：放弃这条“赛道”。

这种理念不会错过很多机会吗？一天，我带着这份好奇去问老板。老板的回答是：最优秀的团队的胜率高，我们既然要投资就要投胜率高的企业。

从投资人的角度看，一条“赛道”上最优秀的企业，胜率毋庸置疑是最高的。

那么从创业者的角度看，怎么捕捉胜率高的创业机会呢？

首先，要对创业的正常胜率有所认识。

2007年，阎焱是中国最早的一批风险投资人之一，也是全国最佳风险投资人。他说，“从历史和统计数据来看，创业成功本身就是个小概率事件”。他甚至认为，中国的创业成功率不会高于1%。虽然关于创业的统计数据口径不一，但需要明确的是，创业是胜率极低的事情。

其次，勇于捕捉第四类创业项目。

如果创业的胜率能与澳门赌场猜大小一样接近50%，那可以说是非常惊人的胜率了。这种胜率意味着创业者只要连续参与几个创业项目，就能大概率地获得成功。

问题是，如何找到如此高胜率的项目呢？

有一类项目，市场前景巨大，投资人不得不投。还有一类项目，泡沫般破裂，一地鸡毛，社会精英不愿冒险，像现金贷、P2P、消费金融、汽车金融等便属此类。我曾拿到过一个P2P商业计划书，心里直犯嘀咕：虽然其市场巨大，但是市场泡沫不知何时就会破裂……

这类投资犹如拿钱给年轻人玩掷骰子、猜大小的游戏，然而事实结果却出人意料，其胜率远远高于正常的创业项目。这类项目便是第四类创业项目。

如果赔率和胜率两种思维尚不能帮你分析和解决高胜率创业项目的问题，那么在越来越不确定的时代，反脆弱的观念就显得非常重要。理解反脆弱，我们就能够明白，要选择能够抵抗市场不确定性的创业项目，要随时对市场上的“黑天鹅”事件做好准备。下面我们就来聊聊反脆弱的问题。

反脆弱

2018年，全球90%以上的资产亏损，是投资史上相当惨淡的一年。

新浪财经的记者总结了2018年十大“黑天鹅”事件，包括特朗普总统发动贸易战、美联储加息超预期、意大利民粹政党上台、油价从暴涨转至暴跌、美国股市结束长达九年的牛市等。这一系列的“黑天鹅”事件，打得无数投资者措手不及。

那么，什么是反脆弱呢？简单来说，能够抵抗“黑天鹅”事件的项目就是反脆弱项目。

在2019年的“3·15”消费者维权日这一天，现金贷行业的一系列违规操作被曝光，整个行业快速进入一个人人喊打的状态。然而，现金贷行业并不“脆弱”，当年便开启了国际化道路，国内各大现金贷平台纷纷走出国门，在东南亚的一些国家独占鳌头，迅速占领当地市场，开启了全新的舞台。其旺盛的生命力可见一斑。

那么，我们怎么判断一个创业项目是否反脆弱呢?

一般来说，满足创业项目可行的前提条件最为关键。

例如，你在北京创业、从事房产买卖的中介工作，该项目可行的前提条件就是有一定的房产交易量。如果房产能够顺畅交易，生意便是可行的。相反，如果房地产市场一旦出台严格的限购限贷政策，交易量大幅下滑，生意就会陷入困境。

如果你在北京创业、从事租赁中介业务，情况则截然不同。无论房价是涨还是跌、限购限贷政策如何，租赁需求永远都存在，很难被压缩。换言之，项目可行的前提条件状态始终如初。

可见，租赁中介的反脆弱性远强于交易中介。

因此，创业项目可行的前提条件越稳固，项目的反脆弱性越强。值得一提的是，一个项目往往包含多种前提条件，我们需要仔细甄别。

学会了赔率、胜率、反脆弱这三种思维，我们就能够深入地理解高赔率型创业，找到真正属于我们自己的机会。

市场边际：创业的局限，你了解吗？

自从2019年5月以来，我国民族企业华为在欧美的一些国家遭受了一系列打压，让许多国人不禁绷紧了神经。

华为储备了大量的5G技术，并与20多个国家签订了超过40份5G业务合同，已经占据5G业务的全球制高点。面对这种情况，美国可坐不住了。美国政客于是开始了一系列“表演”，想方设法地将华为排除在欧美国家的5G市场之外。在此过程中，华为的任正非先生表现出惊人的冷静和果敢，赢得阵阵喝彩。

任正非先生作为一位企业家，他以创业者的身份带领华为公司一点一滴地做大做强。而试图对华为不利的，则是一群美国政客。

显然，美国政界之所以施压华为，原因就在于他们认为华为公司威胁到了美国的网络安全。可见，国际政治才是阻碍企业发展的重要因素。

除了国际政治因素，当企业发展到一定程度时还会面临各种各样的局限。那么，企业可能面临的局限都有哪些呢？创业者应该如何认识这些局限？我们又该从哪些角度思考这些局限呢？

为了回答上述问题，我将引入市场边界、市场衰落和市场准入三种财务思维。

首先，分析市场边界，我们就能明白市场容纳特定商品和服务的数量是有限的，接近该数量便接近了市场的边界，而且再也难以突破。

市场边界

我的一位领导跳槽去了某大型电商集团。共事期间，我随他学习颇多，对其十分感念，所以在他跳槽后仍然经常和他一起吃饭。

一次我问领导："去那么大的电商集团，和以前有啥不一样吗？"

领导说了一段让我印象非常深刻的话："不同规模的公司有不同的难处。之前呢，一个项目有几千万的利润，老板就很开心了。可是现在，老板对几千万的项目看都不看一眼，整个高管团队都在拼命琢磨，哪儿还有新的增长点，而且要大的增长点，至少1个亿！可是，现如今，很多市场业务几乎都被垄断了，寻找新的增长点，哪有那么容易啊！"

是的，当一家公司的市场占有率达到50%以上，就再也不可能翻倍。此后，这家公司的经营就会逐步逼近市场的边界。当接近市场边界时，一系列的管理问题就会暴露出来，不仅业务增长乏力，企业也会缺乏活力。

那么，一家企业怎么才能避免接近市场边界呢？

首先，必须认识到市场边界是一种客观的存在，是无法避免的。当然，我们可以尽量选择一些市场规模大的业务，让市场边界来得更晚一些。例如1个亿的市场和100个亿的市场，后者的市场边界明显更远，可以发挥的空间也就更大。

其次，触到市场边界后，可以采取多元化经营方式。例如滴滴，当国内网约车市场已经触到市场边界时，怎么办呢？滴滴开拓了自驾租车、共享单车等新业务，并一举拓宽了关联市场。需要注意的是，多元化经营必须寻找关联的市场，而非完全陌生的业务。如果滴滴开饭店、做餐饮，那便是十足的冒险。

市场边界以外，市场衰落也是创业者应该关注的一大局限。市场衰落让我们知道，市场情况并非一成不变，市场自有它的生命周期，也会衰落。

市场衰落

2018年，我国的汽车销量呈现下滑趋势，这是近30年来汽车行业第一次遭遇冷冬。分析师们都很纳闷：我国人均汽车保有量还远不如发达国家，市场拐点怎么说来就来呢？

原因并不复杂。

首先，2018年，中国经济下行压力大，老百姓觉得经济前景不明朗，消费意愿下降，消费需求遭到抑制。汽车消费一直是中国居民消费的大头，受到影响更是首当其冲。

其次，我国四大一线城市和一些经济发达的二线城市对汽车行业采取限牌、限购等措施，导致损失购买力，对汽车消费产生了巨大的影响。

最后，网约车对汽车消费的影响也不可忽视。很多城市的网约车行业已经非常发达，基本上能够实现3分钟内乘客上车。即便每天打车出行，费用也比买车便宜，同时还能节省清洁和养护车辆的时间。此外，城市交通拥挤不堪，开车体验不佳，还不如叫网约车来得方便。诸多原因使不少老百姓渐渐打消了买车的念头。

那么，我们怎么预判市场的衰落时间呢？

通过分析市场的供应和需求关系，便能判断市场衰落的征兆。

例如，我们儿时用随身听——一种小型的录音带播放的机器，插上耳机便能边走路边听音乐。那时人们的需求是随时随地听音乐，市场供应则是提供录音带、播放器以及耳机。

那么，有没有新的供应，能够更好地满足这一需求呢？

有！

后来，Mp3（Moving Picture Experts Group Audio Layer Ⅲ，一种播放音乐文件的播放器）出现了。Mp3用内存而不是磁带储存音乐，体积更小，更加方便、便携，一经面世迅速打败了随身听市场。

再后来，智能手机问世。乔布斯推出的智能手机同时具备Mp3功能，大家都觉得没有必要再额外购买一个Mp3带在身上，于是Mp3市场迅速衰落。

可见，当原有需求遭遇更新的技术、更好的产品，原有市场就会逐渐衰落，新的市场随之开始崛起。

创业者需要了解的还有市场准入这一门槛儿。理解市场准入，我们就能知晓某些市场存在各种各样的限制措施，不是每个创业者都可以轻易进入的。

市场准入

我从高中时便开始乘坐火车旅行，到过很多地方，发现火车站总是人满为患。当时我想：如果将火车运输视为一门生意，绝对不会缺少客户；如果我有足够的资金运营铁路，该是多么了不起的生意啊！

后来我才知道，国家铁路由国家铁路集团有限公司运营，简称国铁集团。国铁集团归国务院直接管理，是地地道道的国有独资企业。

现在想来，我当时的想法实在是可笑。铁路涉及重要的国计民生和国家战略问题，须由国务院直接管理，普通的民营资本是不允许进入的。

普通创业者无法进入某一市场，这就是市场准入的限制。比如我国的金融业，很多领域尚未对国外企业开放，我们就可以说，外国金融企业没有获得我们的市场准入。

事实上，很多能够创造巨大财富的领域，普通创业者都是无法进入和参与其中的。

那么，面对市场准入现象，什么才是理智的做法呢？

首先，认可市场准入门槛的正当性。

很多涉及国计民生的领域，例如水、电、燃气等，都不以营利为目的。国营企业能够保证提供长期稳定、价格实惠的产品，才有利于国计民生。

其次，探索民营经济可以进入的领域。

我国房地产和互联网行业的企业家们长期占据财富排行榜，诸如这类开放领域，在其中深入挖掘业务，将市场做大做透，足以找到改变人生的机会。

在掌握市场边界、市场衰落和市场准入这三种财务思维之后，你明白创业这条道路的局限所在了吗？这一局限是这个时代里年轻人奋斗的最高局限，它既是个人的局限，也是时代的局限。